Verena und Werner Beerli-Kaufmann

# Glarnerland
# wandern und entdecken

55 Sommer- und Winterwanderungen sowie Informationen
zu Aktivitäten in der Region Glarnerland

D1725489

Kartenausschnitte im Massstab 1:100 000

Titelbild:
Idylle Braunwald mit dem imposanten Ortstock.

Gestaltung, Satz und Druck: Spälti Druck AG, 8750 Glarus
Fotos: Werner und Verena Beerli-Kaufmann

Kartenausschnitte: www.Blumer-HPM.ch,
Geschäftsstelle der Glarner Wanderwege
Reproduziert mit Bewilligung von swisstopo (BM100021)

ISBN: 978-3-85546-220-9
1. Auflage 2010
© Verlag Baeschlin, Glarus
www.buch.GL

# Inhaltsverzeichnis

## Einleitung

## Sommerwanderungen

# Inhaltsverzeichnis

# Inhaltsverzeichnis

## Vorwort von Regierungsrätin Marianne Dürst

Ich freue mich sehr, dass das Wanderbuch «Glarnerland – Wandern und Entdecken» in einer Neuauflage erscheint. Das spricht einerseits für das Autorenteam von Verena und Werner Beerli-Kaufmann, andererseits aber auch für unseren schönen Kanton.

Die Autoren haben mit ihrem Werk den Zeitgeist getroffen. Wir alle hetzen durch den Alltag, rennen von Termin zu Termin und versuchen Berufs- und Privatleben in Einklang zu bringen, und die viel zitierte Work-Life-Balance zu finden. Wenn wir dann endlich Zeit zur Musse hätten, schleicht sich die bekannte Langeweile und Ratlosigkeit ein. Welche Tour lohnt sich? Reicht die Zeit? Und schon ist wieder Alltag und das Spiel beginnt von vorne. Verena und Werner Beerli-Kaufmann zeigen uns auch in der Neuauflage über 50 (Wander-)Wege auf, um eben dieser Langeweile und Ratlosigkeit zu entfliehen. Das Wanderbuch «Glarnerland – wandern und entdecken» versteht sich als Rezeptbuch für Aktivität und Bewegung und richtet zugleich den Blick auf die Schönheit unseres Kantons.

Toll ist, dass es im Wanderbuch nicht nur um das Wandern, sondern eben auch um das Entdecken geht. Das Entdecken von unbekannten Wegen, schönen Orten und versteckten Plätzen, aber auch um das Wiederentdecken von bereits bekannten Gebieten und Regionen. Das Buch bietet Vorschläge für Entdeckungen, die vom Walensee bis auf den Urnerboden, von der Schwialp bis in die Tschingelschlucht reichen. Das Glarnerland lädt ein – zu wandern und zu entdecken. Es lädt ein, dem Alltag zu entfliehen. Das Glarnerland macht abenteuerlustig – und dieser Reiseführer inspiriert.

Ich wünsche Ihnen viele interessante Entdeckungen auf Ihren Wanderungen durch unseren schönen Kanton. Ich jedenfalls freue mich auf meine nächste Wanderung und Entdeckungsreise.

Marianne Dürst, Regierungsrätin

Wir stellen uns kurz vor: Verena, dipl. Lerntherapeutin (61) und Werner Beerli-Kaufmann (63), dipl Sozialarbeiter und Journalist. Wir sind Eltern von drei erwachsenen Kindern und Grosseltern von fünf Enkelkindern. Seit 1985 wohnen wir in Ennenda/GL.

Wir freuen uns, Ihnen die Neuauflage unseres Wanderbuches – Glarnerland «wandern und entdecken» – vorstellen zu dürfen. Dessen vollständige Überarbeitung wurde ergänzt mit 18 neuen Sommer- und Winterwanderungen wie auch Schneeschuhtouren. Zusätzlich sind darin Informationen zu Schlittelrouten und anderen Aktivitäten im Glarnerland enthalten.

Das Wanderbuch ist auch so etwas wie ein Nachschlagewerk für kurzfristige Entscheide. Es enthält Vorschläge für grössere Spaziergänge, leichtere Wanderungen, bis hin zu mittleren Touren und weist im Anhang auf weitere Aktivitäten hin. Das überschaubare Glarnerland hat sowohl für Einheimische, wie auch für Gäste ein grosses und gepflegtes Wanderwegnetz zu bieten. Wir wünschen Ihnen viel Spass beim Wandern und Entdecken im Tale Fridolins.

Besonders danken möchten wir Gaby Ferndriger vom Baeschlin Verlag, Glarus und ihrer Mitarbeiterin Sophia Kundert, welche es ermöglichten, dass das Buch veröffentlicht werden konnte. In den Dank einschliessen möchten wir die Firma Spälti Druck AG, Glarus und ihre Polygrafin Nadia Bühler für die kreative Gestaltung des Buches sowie Walter Spälti Senior für das Lektorat. Ein weiterer Dank geht auch an Ruedi Blumer von den Glarner Wanderwegen für das Kartenmaterial und die Routeneinzeichnungen.

Verena und Werner Beerli-Kaufmann

## Zeichenerklärungen

✷ = leicht
✷✷ = leicht bis mittel
✷✷✷ = mittel
✷✷✷✷ – mittel bis schwer

| P | = Parkplatz |
| ——— | = Wanderroute |
| ——— | = Seilbahnen/Sessellifte |

PS: Das Begehen der vorgeschlagenen Wandertipps geschieht auf eigene Verantwortung.
Alle in diesem Wanderführer beschriebenen Wanderungen wurden mit bestem Wissen und Gewissen ausgearbeitet. Die Kartenausschnitte und die Überprüfung der Routenführung erfolgten durch die Geschäftsstelle der Glarner Wanderwege, www. Blumer-HPM.ch.

**Folgende Routen befinden sich innerhalb der Grenzen des UNESCO-Weltnaturerbes Tektonikarena Sardona:**
Route 3:   Murg – Murgsee – Widersteiner Furggel – Engi
Route 19: Ennenda – Schilt – Spaneggsee – Filzbach
Route 30: Elm/Tschingelschlucht – Nideren – Elm

UNESCO-Weltnaturerbe
Tektonikarena Sardona

## Näfels – Gäsi – Weesen – Chapfenberg – Ziegelbrücke

**Der Chapfenberg ob Weesen ist ein kleiner Geheimtipp und überrascht mit bezaubernden Rundblicken. Auf den bewaldeten Felskuppen laden zwei Aussichtskanzeln mit Feuerstellen und Sitzbänken zum genussvollen Verweilen ein.**

■ **Ausgangspunkt:** Bahnhof Näfels

■ **Erreichbarkeit:** SBB bis Näfels; mit PW bis Ziegelbrücke

■ **Wanderroute:** Näfels (438 m) - Linth rechte Dammseite - Linthbrücke - Linth linke Dammseite - Gäsi - Weesen (425 m) - Autis - Chapfenberg (618 m) - Höf - Weesen (Heim Pelikan) - Alter Maaglauf - Schützenstand - Linthkanal - Ziegelbrücke (423 m)

■ **Wanderzeit:** Näfels - Weesen 1 ½ h, Weesen - Chapfenberg - Ziegelbrücke 1 ½ h; total 3 h

■ **Höhenmeter:** zum Chapfenberg je knapp 200 m Auf- und Abstieg

■ **Anforderungen:** Vorsicht bei Schnee auf den Aussichtskanzeln Chapfenberg

■ **Wanderkarte:** Glarnerland/Walensee 1:50 000 oder 1:60 000

■ **Gaststätten:** Näfels, Gäsi, Weesen, Ziegelbrücke

Beim Bahnhof **Näfels** gehen wir wenige Schritte Richtung Gäsi/ Weesen, überqueren die Linthbrücke und zweigen beim Restaurant Linthbrücke links ab. Bei der folgenden Weggabelung spazieren wir rechts dem Waldrand entlang. In den hohen Felswänden zeugen gut getarnte Schiessfenster vom militä-

rischen Sperrgebiet im Zweiten Weltkrieg. Nach der Schafsweide mündet das Strässchen auf den Dammweg Richtung Walensee ein. Bei der Teerstrasse überqueren wir die Gäsibrücke links. Gleich danach führt rechts der kleine unmarkierte Pfad dem linken Damm entlang zum Ufer des Walensees. Das **Gäsi** (mit Kiosk) wird im Sommer von Campingtouristen und Badegästen stark frequentiert. Im Herbst werden die Zelte jeweils abgeräumt und bis zum Frühjahr kehrt in die waldige Landschaft eine erholsame Beschaulichkeit zurück.

Am Ende des Gäsi zweigen wir kurz vor der **Linthbrücke** beim Bootshäuschen links hinauf, überqueren die Linth-Brücke und biegen gleich danach rechts zum Linthkanal ab. Bis zum Hafen des Städtchens **Weesen** stehen uns nun kultivierte Rosskastanienbäume Spalier. In der Nähe des Schiffsteges finden wir die nächste Wanderrichtungstafel und eine erste Möglichkeit, zum Chapfenberg aufzusteigen. Der empfehlenswertere und etwas abenteuerlichere Auf-

**Ruhig ist der Ausblick vom Chapfenberg auf den Walensee.**

stieg liegt jedoch fünf Gehminuten weiter bei Autis. Hier befindet sich auch die Pfarrkirche St. Martin. Sie beherbergt schöne barocke Statuen, insbesondere die der heiligen Gottesmutter in viel Gold und grossem Glanz.

Vor dem Restaurant Elite zweigen wir links ab, überqueren bald die Hauptstrasse und gelangen bei **Autis** in die Rebbergstrasse. Nach einem kurzen Anstieg findet sich rechts ein markierter steiler Bergweg. Er lotst zwischen wilden und imposanten Felsabbrüchen serpentinenartig in einer guten Viertelstunde zum Sattel des **Chapfen-** bergs. Rechts wartet die östliche Aussichtskanzel mit Sicht auf Churfirsten und Walensee, verschiedenen Sitzgelegenheiten und einer Feuerstelle auf. Der linke Aussichtspunkt, welchen wir auf einem Treppenweg erreichen, überrascht mit einem umfassenden Rundblick auf das vordere Glarnerland und den ganzen Walensee.

Zurück beim Sattel weist hier ein gelb markierter Pfeil an einem Baumstamm nach links. Am andern Ende dieses lockeren und geheimnisvollen Waldes mit Eiben, Stechpalmen, Buchen, Ahorne und Eichen weist eine Richtungstafel links nach Weesen hinab. Wir aber gehen rechts Richtung **Höf** und benutzen nach dem Wohnhaus links den schmalen Wiesenpfad. Nun links bergab auf dem Fahrsträsschen schreitend, zweigen wir nach knapp einer Viertelstunde links in ein markiertes Wiesengässchen ab. An dessen Ende, wenig oberhalb des **Altersheims Pelikan**, missachten wir das Wanderzeichen Richtung Weesen und ersparen uns damit einen Umweg. Wir gehen auf der Strasse weiter bis in die Kurve, wo wir rechts auf einem schmalen Kiesweg absteigen.

Nach den Wohnhäusern führt der Weg rechts dem Waldrand entlang und vorbei an den wenigen noch erhaltenen Schilfbeständen des **Alten Maaglaufes**. Die verbliebenen Teilstücke erinnern an die Zeit vor dem Bau des Linthkanals. Nach dem alten Edelkastanienbaum zweigen wir links zum Schützenstand ab und biegen darauf links zum Linthkanal ab. Seinem Lauf folgend erreichen wir in Kürze den Bahnhof **Ziegelbrücke**. ▪

**Kerenzerberg**        3 Stunden        April bis November

## Filzbach – Obstalden – Geissegg – Buechen – Wasserfall – Murg

Abwechslungsreich und hoch über dem Walensee verläuft dieser Abschnitt des Walsaweges. Die überraschenden Schluchten, der Wasserfall und die Edelkastanien erfreuen nicht nur die Kinderherzen.

▥ **Ausgangspunkt:** Filzbach (Bushaltestelle Post)

▥ **Erreichbarkeit:** SBB bis Näfels, Bus nach Filzbach; zurück ab Murg mit SBB; mit PW bis Näfels oder Ziegelbrücke

▥ **Wanderroute:** Filzbach (706 m) - Obstalden - Walenguflen (683 m) - Geissegg - Erggeli - Buechen (636 m) - Wasserfall - Murg (427 m)

▥ **Wanderzeit:** Filzbach - Obstalden - Walenguflen - Geissegg 1 ½ h, Geissegg - Buechen - Wasserfall - Murg 1 ½ h; total 3 h

▥ **Höhenmeter:** Aufstieg 200 m, Abstieg 350 m

▥ **Anforderungen:** leichtes Auf und Ab, zwei mittlere Aufstiege

▥ **Wanderkarte:** Glarnerland/Walensee 1:50 000 oder 1:60 000

▥ **Verkehrsverein Murg:** Tel. 081 720 30 49

▥ **Gaststätten:** Filzbach, Obstalden, Buechen, Murg

Der historische Weg führt in seiner Gesamtlänge von Mollis bis nach Bad Ragaz. Bereits die Römer benutzten diese wichtige Querverbindung vom Zürichsee ins Rheintal. In **Filzbach/Post** überqueren wir die Strasse und biegen beim Kiosk rechts hinunter auf den Walsaweg Richtung Obstalden. Nach einem kleinen Ab- und Wiederaufstieg überschreiten wir die Kerenzerbergstrasse. Auf dem nun mit Trockensteinmauern gesäumten Weg gelangen wir auf eine kleine Anhöhe. Im Buchenwald bei **Rütegg** liegt, etwas versteckt, ein schattenspendender **Kinderspielplatz** mit Feuerstelle.

Die eindrücklichen Zacken der Churfirsten prägen hier das Landschaftsbild. Bald erreichen wir das Dorf **Obstalden** und seinen Kirchplatz. Hier gehen wir ein Stück der Hauptstrasse entlang und darauf beim Schulhaus rechts nach **Walenguflen** mit seinen teils sehr alten Bauernhäusern. Richtung Geissegg steigen wir nun auf dem steilen Weg in die Meerenbachschlucht hinab. Nach der romantischen Bogensteinbrücke über den **Meerenbach** befinden wir uns schnell in **Geissegg**, einem mitten im Wald eingebetteten Weiler mit ausgebauten, ehemaligen Geissenstädeli. Bei der folgenden Abzweigung

**Sonnenverwöhnt liegt Obstalden am Kerenzerberg.**

wandern wir rechts auf dem Teersträsschen eine Viertelstunde Richtung Murg/Quarten aufwärts. Auf der Anhöhe verlassen wir das etwas mühsame Teilstück und zweigen zwischen Scheune und Garage auf einem Wiesenweg zum Weiler **Erggeli** hinab.

Der Weg lotst über Wiese und Wald in die kleine Schlucht des Rotbachs hinunter und danach rechts hinauf. Nach gut 100 Metern weist bei der Sitzbank eine Tafel auf zwei Wegvarianten hin. Die rechte Route führt über den Walsaweg, ist jedoch wegen seiner Steilheit nicht zu empfehlen. Wir wählen deshalb den «Alternativweg» oder auch als «Hartbelag» bezeichneten Weg nach Bluemboden und Buechen mit seinem Aussichtsrestaurant. Bis jetzt haben wir, vielleicht von uns noch unbemerkt, bereits einige Edelkastanienbäume passiert. Diese gedeihen hier dank dem milden Klima. So soll die durchschnittliche Sonnenscheindauer laut Angaben der Buechenwirtin über das Jahr gerechnet höher sein als in Quinten.

Weiter auf der Strasse gehend, sind im Mischwald deutlich vereinzelte Kastanienbäume zu erkennen. Nach etwa 10 Minuten erreichen wir die Wandertafel, wo links ein Weg direkt nach Murg führt. Wir entscheiden uns für den Walsaweg

rechts Richtung Oberterzen. Dieser führt nach einem kleinen Aufstieg beim Waldaustritt links zum versteckten, romantischen **Wasserfall**. Kurz vor der Bachbrücke folgen wir links dem Pfad zu den zwei moosbewachsenen Aussichtsterrassen und geniessen die wundervollen Einblicke in dieses mystische Naturspektakel.

Wir wandern auf dem selben Pfad weiter und bald sichten wir vor dem **EW-Weiher** einen mächtigen Kastanienbaum. Den Weiher

rechts umgehend, begegnen wir kurz darauf weiteren stolzen und teils sehr alten Maronibäumen. Sie verstecken sich teils gut getarnt zwischen Buchen, Linden und Eichen. So wachsen auf dem Gemeindegebiet von Murg insgesamt 400 Maronibäume. Die meisten tragen eher kleine Früchte. Das Geheimnis der Standorte der Bäume mit Früchten «all'italiana» bleibt wohl den Ortskundigen vorbehalten. Auf dem Weg bergab schreitend treffen wir in einer Viertelstunde in Murg ein.

Wer noch Zeit und Musse hat, besucht das stilvolle und originelle Restaurant «Sagibeiz», direkt am Walensee gelegen. ∎

**Juni bis Oktober**               **5 Stunden**               **Murgtal/Sernftal**

## Mornen – Unter Murgsee – Ober Murgsee – Widersteiner Furggel – Üblital – Engi

Mit dem Murgtal-Bus fahren wir ab Murg bis zum Fahrverbot in Mornen. Der Aufstieg zum Murgsee führt durch eines der schönsten Naturschutzgebiete der Ostschweiz. Die Fortsetzung der Wanderung über die Widersteiner Furggel nach Engi bedingt eine gute Kondition.

---

■ **Ausgangspunkt:** Mornen/Murgtal (ab hier Fahrverbot)

■ **Erreichbarkeit:** SBB von Ziegelbrücke bis Murg, Murgbus bis Mornen; ab Engi zurück mit Bus bis Schwanden und weiter mit Bahn; mit PW bis Ziegelbrücke Bhf

■ **Wanderroute:** Mornen Parkplatz (1240 m) - Unter Murgsee (1702 m) - Ober Murgsee (1820 m) - Widersteiner Furggel (2019 m) - Üblital (1190 m) - Engi (820 m)

■ **Wanderzeit:** Mornen - Murgsee 2 h, Murgsee - Widersteiner Furggel 40', W. Furggel - Engi 2 h 20'; total 5 h

■ **Höhenmeter:** Aufstieg 780 m, Abstieg 1200 m

■ **Anforderungen:** gute Kondition, langer Auf- und Abstieg

■ **Besonderheiten:** Wandern im UNESCO-Weltnaturerbe

■ **Wanderkarte:** Glarnerland/Walensee 1:50 000 oder 1:60 000

■ **Variante:** Rundwanderung von Merlen (1099 m) über Mürtschen und Murgseefurggel nach Murgsee und zurück nach Merlen (4 ½ h)

■ **Murgbus:** Tel. 081 738 14 41 (Voranmeldung erforderlich)

■ **Gaststätte:** Berggasthaus Murgsee, Tel. 079 341 66 50, www.murgsee.ch (Übernachtungsmöglichkeit, Fischerpatent lösbar)

---

Bequemerweise lassen wir uns von Murg mit dem Murgbus bis nach **Mornen** chauffieren. Dies erspart uns einen Aufstieg von rund 2 ½ Stunden. Aber auch so wird der Übergang vom Kanton St. Gallen ins Glarnerland nicht zu einem Spaziergang. Nach dem Parkplatz gewinnen wir schnell an Höhe, gelangen zu den **Alpgebäuden** von Mornen (Käseverkauf) und

nach einem kurzen, steilen Anstieg in den Wald. Wir nähern uns dem wilden Murgbach, welcher sich in seinem unverfälschten Element präsentiert.

Die folgenden ersten Arvenbäume lassen uns erahnen, welche Naturschönheiten uns noch bevorstehen. Der Wanderweg führt nun erhöht oberhalb des reizvollen **Unteren Murgsees** mit seinem

**Ein Bijou ist auch der untere Murgsee.**

Inselchen und dem mäandrierenden Zufluss. Die wildromantische Landschaft vor dem **Mittleren Murgsee** ist Natur pur und in seiner Schönheit weit herum mit nichts vergleichbar. Bis zum grossen **Oberen Murgsee** sind es nur noch wenige Meter. Den lieblichen Bergsee umgeben steile Felswände vom Gufelstock, Heustock, Schwarzstöckli und Bätzistock. Das direkt am See liegende **Restaurant Murgsee** bietet Verpflegung und Unterkunft an. Die Auswahl an kalten und warmen Speisen ist überraschend gross. Ganz in der Nähe befinden sich auch eine

## Naturwaldreservat Murgtal

Eine Informationstafel zeigt auf, wo die schönsten und grössten Arvenbestände vorkommen. Die Bäume der teils sehr alten Bestände wachsen bis auf eine Höhe von 2200 m. ü. M. Bei einigen konnten über 300 Jahrringe gezählt werden. Das Waldreservat mit einer Fläche von 1800 Hektaren zählt rund 20000 Bäume.

Die Verbreitung der Arve ist in erster Linie dem Tannenhäher zu verdanken. Zwischen ihm und der Arve besteht eine enge Lebensgemeinschaft. Der weissgesprenkelte Vogel ernährt sich vor allem von Arvennüsschen. Er legt Wintervorräte an und vergräbt diese in der obersten Bodenschicht. Aus den nicht wieder gefundenen Depots keimen später junge Arven.

Feuerstelle sowie Badegelegenheiten. Nach der lohnenden Rast machen wir uns bereit für den restlichen Aufstieg (40') zur **Widersteiner Furggel**. Der Pfad führt leicht steigend über Alpweiden und durch Felssturzgebiet. Die Widersteiner Furggel gibt eine grossartige Aussicht in die Berge von Elm mit der faszinierenden Glarner Hauptüberschiebung (UNESCO-Weltnaturerbe) frei. Der Blick zurück ist ebenso eindrücklich: Zweihundert Meter tiefer liegt der Murgsee, dunkelblau und beinahe kreisrund in seinem Kessel. Nun steht uns ein langer Abstieg von 1200 Höhenmetern bevor. Wiederum durch

Felssturzgebiet und über unzählige Pfadkehren erreichen wir das Üblital. Hier empfängt uns ein wilder Bergbach, aber auch riesige Felsblöcke, hinter welchen sich kleine Alpgebäude duckend Schutz suchen. Nun auf der Alpstrasse bis nach **Engi** schreitend werden wir vom rauschenden Mülibach begleitet. Von Engi verkehrt stündlich ein Bus zum Bahnhof **Schwanden**. ∎

**UNESCO-Weltnaturerbe**
Tektonikarena Sardona

## Habergschwänd – Mullerenberg – Ennetberg – Glarus

**Der Höhenweg verläuft meist auf einer Höhe zwischen 1000 bis 1300 m. ü. M.
Tafeln informieren über die Berglandwirtschaft und den Glarner Schabziger.
Für einen guten Appetit sorgen die Restaurants, teils mit einer Auswahl an
Schabziger-Gerichten.**

---

■ **Ausgangspunkt:** Bergstation Sesselbahn Filzbach/Habergschwänd

■ **Erreichbarkeit:** SBB bis Näfels, Bus
nach Filzbach (stündliche Verbindungen);
mit PW bis Näfels; ab Glarus zurück mit
SBB

■ **Wanderroute:** Habergschwänd
(1228 m) - Stäfeli (1398 m) - Dürren
- Chrampfegg (1431 m) - Sattelboden -
Rietegg - Mullerenberg (1189 m) - Brunner
(1211 m) - Meieli - Unter Stafel - Ober
Ruestel (1389 m) - Böden - Aendi -
Grossberg (1242 m) - Ennetberg (937 m)
- Glarus (475 m)

■ **Wanderzeit:** Habergschwänd - Mullerenberg 1 ¾ h, Mullerenberg - Ennetberg
2 h, Ennetberg - Glarus ¾ h; total 4 ½ h

■ **Abstiegsvariante:** Mullerenberg -
Obstock - Mollis 1 ½ h oder Taxi

■ **Höhenmeter:** Aufstieg 420 m,
Abstieg 1160 m

■ **Anforderungen:** langer Abstieg,
mittlere Kondition vorteilhaft

■ **Besonderheiten:** Informationstafeln
über Berglandwirtschaft und Ziger-
produktion

■ **Wanderkarten:** Glarnerland/Walensee
1:50 000 oder 1:60 000

■ **Sportbahnen Filzbach:**
Tel. 055 614 16 16, (Mittagspause im
Sommer); www.kerenzerbergbahnen.ch

■ **Maxi-Taxi nach Mullerenberg:**
Tel. 079 693 49 49

■ **Gaststätten:** Rest. Habergschwänd
(Bergstation Sesselbahn), Rest. Alpenrösli,
(Mullerenberg), Rest. Fronalpstock und
Naturfreundehaus (Fronalp), Rest. Alpen-
blick, (Ennetberg)

---

Im gemächlichen Tempo befördert
uns die Sesselbahn aufs **Habergschwänd** mit seinem Bergrestaurant. Der Ort ist Ausgangspunkt
verschiedener Wanderungen oder
einer Vergnügungsfahrt mit Rodel-
bahn und Trottinet zur Talstation.
Bei der Bergstation unterqueren
wir den oberen Sessellift (ausser

Betrieb) und zweigen rechts ab. Der
Aufstieg von 170 Höhenmetern
führt über eine offene Weidefläche
und durch Wald zur **Alp Stäfeli.**
Hier weitet sich der Blick über die
gesamte Linthebene.

Über das kurze Teilstück dem
Hang entlang erreichen wir **Dürren,**
wo eine Abstiegsmöglichkeit über

Untere Nüen nach Mullerenberg besteht. Wir wandern jedoch links weiter und oberhalb von Dürren in den dunklen Tannenwald der **Chrampfegg,** dem höchsten Punkt des Tages. Nach dem Bergwald treten wir auf eine grosse Weidefläche hinaus und queren bei der Richtantenne links den Hang zum **Sattelboden.** Hier erwartet uns ein Picknickplatz. Nach dem folgenden kurzen Waldstück und unterhalb

des Wiesenbordes der Rietegg lenkt der Weg links weiter und durchquert nun an Felswänden entlang den hier steil abfallenden Wald (Vorsicht bei nassem Wetter).

Schon bald stehen wir oberhalb der Hochebene von **Mullerenberg** und vernehmen vielleicht das Bellen eines Hofhundes, der uns schon von weitem entdeckt hat. Über die Wiese absteigend gelangen wir zum ersten Bauernhaus. Bei der fol-

Sommeridylle auf Mulleren mit Blick ins Oberseetal sowie Wiggis und Rauti links.

---

**Der Schabziger Höhenweg**

Auf der Wanderstrecke zwischen Habergschwänd und Naturfreundehaus Fronalp informieren zehn Stationen über die Alp- und Berglandwirtschaft im Glarnerland. Dabei wird besonders der Schabziger von der Produktion bis zum Genuss erlebbar gemacht. Und nicht zuletzt bieten die meisten Gaststätten am Höhenweg Schabziger-Gerichte an. Seit über tausend Jahren gehört dieser Kräuterkäse zum Glarnerland. Die spezielle Würzung des Zigers mit verschiedenen Kräutern ist und bleibt ein Geheimnis und macht den Glarner Schabziger unverwechselbar. Mit 0,5 Prozent Fettanteil ist er der magerste Käse der Welt und gesund.

Für die gesamte Länge des Höhenweges vom Habergschwänd bis Glarus benötigt man gut 4 ½ Stunden Wanderzeit. Wer lediglich den kleinen Rundweg nimmt (siehe auch Wandertipp 5), oder die Tour in Mullerenberg beendet, benutzt das Taxi von oder nach Näfels. Oder man fährt mit dem eigenen PW die enge Strasse nach Mullerenberg.

■ Schabziger Höhenweg: Habergschwänd (1282 m) - Mullerenberg/Alpenrösli (1189 m) - Naturfreundehaus Fronalp (1389 m) - gleicher Weg nach Mullerenberg zurück oder über Hofalpli

■ Wanderzeit: Habergschwänd - Naturfreundehaus 2 h 20', Naturfreundehaus - Mullerenberg 50'; total 3 h 10'

■ Höhenmeter: Aufstieg 440 m, Abstieg 340 m

■ Kleine Variante (Rundweg): Rest. Alpenrösli Mullern - Naturfreundehaus - Hofalpli (1344 m) - Mullern; siehe auch Wandertipp 5

■ Wanderzeit: total 2 h

■ Höhenmeter: Aufstieg 300 m, Abstieg 270 m

■ Weitere Infos: GESKA AG, Glarus, Tel. 055 640 17 34; www.schabziger.ch

genden Wandertafel zweigt ein Weg rechts über Obstock und Beglingen nach Mollis ab. Unsere Route führt jedoch weiter zum **Restaurant Alpenrösli** und folgend auf dem Waldsträsschen Richtung Ennetberg. Bei der nächsten Wandertafel steigen wir links die Waldstrasse hinauf und erreichen nach dem Wald die Hochebene **Brunner**, wo eine Tafel auf die «Schweizer Familie»-Feuerstelle hinweist. Ab **Meieli** benutzen wir für die letzten 160 Höhenmeter das Strässchen und gelangen zum **Berggasthaus Fronalpstock** und nach einer weiteren Viertelstunde zum **Naturfreundehaus Fronalp**. Von hier geht es meist nur noch abwärts. Auf **Böden**/Ennetberg erleben wir ein eindrucksvolles Bergpanorama, welches sich vom

Glärnisch über den Tödi bis zum Kärpf weitet. Auf dem geteerten Strässchen wandern wir nach **Aendi**, wo wir links in den schmalen Hangpfad zum **Grossberg** abzweigen. Ab hier schreiten wir auf der Strasse nach **Otschlag** und können dabei unbeschwert die Aussicht geniessen. Für Eilige führen verschiedene Abkürzungen von der Strasse weg

ans gleiche Ziel, Otschlag. Nach gut 200 Meter ab dem **Restaurant Alpenblick** befindet sich rechts beim Waldeintritt der Abstieg nach **Ennenda** und **Glarus**. Über den beschaulichen, aber recht steilen Abstieg erreichen wir in 40 Minuten den Hauptort Glarus und den Bahnhof. ■

**Mullerenberg**  3 ½ Stunden  April bis Oktober

## Mullerenberg – Unter Stafel – Hofalpli – Mullerenberg – Mollis

Mit dem Taxi überwinden wir auf zahlreichen Kehren 750 Höhenmeter. Während der zweistündigen Rundwanderung auf Mullerenberg erwarten uns eindrückliche Naturerlebnisse. Den Schlusspunkt setzt der Abstieg nach Mollis.

■ **Ausgangspunkt:** Mullerenberg (Restaurant Alpenrösli)

■ **Erreichbarkeit:** SBB bis Näfels, mit Mullerentaxi nach Mullerenberg; mit PW bis Näfels oder Mullerenberg

■ **Wanderroute:** Mullerenberg (1183 m) - Unter Stafel (1330 m) Abzweigung Hofalpli - Hofalpli (1344 m) - Mullerenberg - Obstock (908 m) - Beglingen - Mollis (501 m)

■ **Wanderzeit:** Rundwanderung 2 h; Abstieg nach Mollis 1 ½ h; total 3 ½ h

■ **Höhenmeter:** Aufstieg knapp 200 m, Abstieg 900 m

■ **Anforderungen:** leichter Rundgang; längerer und teils steiler Abstieg

■ **Besonderheiten:** leichtes Wandern im Naturpark

■ **Taxi:** Tel. 079 693 49 49

■ **Wanderkarte:** Glarnerland/Walensee 1:50 000 oder 1:60 000

■ **Gaststätten:** Restaurant Alpenrösli (Mulleren) und Berggasthaus Fronalpstock (Fronalp)

Auf dem Hochplateau **Mullerenberg** sind die verstreut liegenden Bauernhäuser an einer Hand abzuzählen. Die Menschen hier oben geniessen eine beeindruckende Fernsicht auf die Linthebene, den Zipfel des Oberen Zürichsees bis hinaus ins Zürcher Oberland. Beim **Restaurant Alpenrösli** führt der Weg zuerst durch ein Wäldchen leicht abwärts. Kurz darauf zeigt ein Wegweiser Richtung Ennenda und «Schweizer Familie» Feuerstelle. Nach einem leichten Hangaufstieg zum **Brunner** befindet sich bei der Wettertanne rechts die **«Schweizer Familie»-Feuerstelle.** Sie reizt mit einer fantastischen Aussicht auf das Glärnischmassiv und das Klöntal. Wieder zurück auf dem Wanderweg gehen wir weiter nach **Meieli** und ein kurzes Stück auf der Teerstrasse bis vor die Alp **Unter Stafel.** Kurz vor dem Skilift dürfen wir hier die Abzweigung links zum Hofalpli nicht verpassen.

Dem Wiesensträsschen schliesst sich ein Pfad durch wechselnde Abschnitte von Weideflächen und Wald an. Die Wanderung wird zum Genuss und lässt uns die hier noch intakte Natur intensiv spüren. Märchenhaft und mystisch mutet der Wald an – hier Zwergen oder

**Verstreut liegen die wenigen Bauernhäuser auf dem Mullerenberg.**

gar Waldfeen zu begegnen, würde kaum erstaunen. Weiter durch lockeren Wald, vorbei an grossen Farngebüschen, Ebereschen und dem blauen Fingerhut, queren wir gemächlich aufwärts gehend die auslaufenden Geröllhalden des Fronalpstocks. Das Bergsturzgebiet ist übersät mit grösseren und kleineren Steinblöcken und dazwischen liegender üppiger Vegetation.

Bald erreichen wir den höchsten Punkt der Wanderung (zirka 1370 m) und nach einer kurzen Walddurchquerung das hinter einem Hügel leicht versteckt liegende **Hofalpli**. Schon wird wieder **Mullerenberg** sichtbar. Bei der ersten Wandertafel zweigt der Weg rechts ab nach Mollis. 200 Meter später gehen wir beim Bauernhaus links Richtung Mollis/Obstock. Nach dem ehrwürdigen alten Ahornbaum folgt bei der nächsten Abzweigung der steile Abstieg in den Tobelwald. Nach einigen Kehren folgt Obstock, wo uns ein markierter Stein im offenen Wiesengelände auf das Teersträsschen und nach Beglingen/Mollis weist. Auf dem Strässchen marschieren wir durch den erfrischenden Buchenwald hinunter. Dabei ignorieren wir die nach kurzer Distanz erscheinende Abzweigung linkerhand, welche sehr steil hinab nach Mollis führt. Bequem erreichen wir **Beglingen**, das leicht erhöht über dem Tal liegt und einen gemütlichen Eindruck vermittelt. Vor dem Weiler überqueren wir die Kerenzerbergstrasse links und biegen nach der Wandertafel rechts in den mit Lesesteinmauern gesäumten Weg ein. Vorbei an gepflegten Bauernhäusern schreiten wir auf dem historischen Walsaweg weiter nach **Mollis**. Rechts am Weg liegt das markante «Haltli», ein früheres Herrschaftshaus und heutiges Sonderschulheim. Vom Dorf Mollis gelangen wir in knapp einer Viertelstunde zum Bahnhof Näfels/Mollis. ▪

**Abendstimmung auf Mullerenberg.**

**Juni bis September**     3 ½ Stunden     **Kerenzerberg**

## Filzbach – Obstalden – Nidstalden – Mülital – Höhenweg – Gäsi – Näfels (oder Weesen)

Der historische Höhenweg zwischen dem Mülital und Gäsi beeindruckt durch gewaltige Felswände und den dschungelartigen Wald. Zwischen Juli und September blühen hier die Zyklamen. Die nahe Autobahn vermag die Faszination dieses Gebietes nicht zu mindern.

◼ **Ausgangspunkt:** Filzbach/Post

◼ **Erreichbarkeit:** SBB bis Näfels, Bus bis Filzbach; mit PW bis Näfels

◼ **Wanderroute:** Filzbach (682 m) - Obstalden (685 m) - Nidstalden (567 m) - Mülital (440 m) - Salleren (425 m) - Gäsi (425 m) - Näfels (438 m)

◼ **Wanderzeit:** Filzbach - Obstalden - Mülital 1 h 10′, Mülital - Gäsi - Näfels 2 h 20′; total 3 ½ h (nach Weesen 2 ¾ h)

◼ **Höhenmeter:** Aufstieg 80 m, Abstieg 330 m

◼ **Anforderungen:** leichte Wanderung, langes Schlussstück nach Näfels

◼ **Wanderkarte:** Glarnerland/Walensee 1:50 000 oder 1:60 000

◼ **Gaststätten:** in Filzbach, Obstalden, Näfels und Weesen

Mit dem Bus fahren wir von Näfels nach **Filzbach** und orientieren uns an den Wandertafeln gegenüber der Bushaltestelle. Bis nach Obstalden benutzen wir ein Teilstück des bekannten Walsaweges (siehe auch Wandertipp 2). Dieser führt an Trockenmauern entlang auf die Anhöhe bei **Rütegg** (Kinderspielplatz mit Feuerstelle). In Kürze erreichen wir **Obstalden** mit dem heimeligen Dorfplatz und seiner historischen, 1320 erbauten Kirche. Nun führt ein etwas steiler Weg nach Nidstalden hinunter. Wie abgehoben fühlt man sich hier oben mit der herrlichen Aussicht auf den Walensee und die Churfirsten. **Nidstalden** weist eine Ansammlung von wenigen Wohnhäusern auf und ist ein kleiner Garten Eden. Im milden, sommerlichen Klima gedeihen an diesem fruchtbaren Ort Köstlichkeiten wie Kirschen, Zwetschgen, Äpfel, Feigen und Kiwis. Wir verlassen den niedlichen Ort und überqueren bei den zwei Häusern mit Schindelnfassaden die Quartierstrasse.

Bei der Tafel «Privatstrasse» zweigen wir rechts in den nicht markierten Waldweg nach Mülital ab. Am Wegrand treffen wir die ersten Zyklamen an. Oberhalb der Häuser von **Mülital** gelangen wir links auf den Veloweg. Der Lärm der nahen Walenseeautobahn wird hörbar, bis die Motorfahrzeuge in

**Auf dem abenteuerlichen Weg sollte man die Kinder nicht aus den Augen lassen – wie hier im Filzbachtobel.**

den Tunnels verschwinden. Der erste Teil des Höhenweges ist unspektakulär. In Kürze erreichen wir die verwaiste Autoraststätte «Walensee». Faszinierend sind hier in **Salleren** die erodierten Kalksteinfelsen. Nach kurzem Aufstieg über 30 Höhenmeter wird es nun richtiggehend romantisch. Der bequeme Weg führt leicht erhöht über dem Walensee.

Gewaltig ragen die hohen und teils überhängenden Felswände auf. Immer wieder finden wir im Wald vereinzelt oder büschelartig wach-

sende Zyklamen. Bald darauf folgt ein kurzer, aber abenteuerlicher Einstieg in die **Filzbachschlucht**, wo das Wasser über Jahrtausende tiefe Schlünde hinterlassen hat. Zahlreich herumliegende Steine zeugen auch von der Steinschlaggefahr im Frühling oder nach starken Niederschlägen. Ansonsten ist der historische Höhenweg ungefährlich. Nach der Überquerung der Brücke folgt das eigentliche Highlight der Wanderung. Im teils dschungelartig anmutenden Wald begegnen wir vielen **Zyklamen**. Die geschützte Pflanze bevorzugt

**Die Zyklamen blühen von Juli bis September.**

warme Standorte und ist im Kanton Glarus isoliert an klimatisch günstigen Orten anzutreffen. Die rosafarbenen bis roten Blüten erscheinen zwischen Juli und September und verbreiten einen lieblichen Duft.

ruiertes Modell des historischen Seeweges. Vor der Linthkorrektur (1807) lag hier der Wasserstand des Walensees wesentlich höher. Weiter vorne informiert die **Messsäule** an der

Etwas weiter vorne endet der Höhenweg abrupt und wir werden kurz, aber geradezu schockartig, mit der Zivilisation konfrontiert. Wie Pfeile schiessen die Autos aus der Galerie heraus und verbreiten Lärm und Gestank. Kurz vor dem **Gäsi** erkennen wir etwas erhöht an der Felswand ein aus Holz rekonst-

Felswand über die Hochwasserstände in den letzten zwei Jahrhunderten. Wir gelangen zur alten Eisenbahnbrücke. Entgegen dem Zeichen der Wandertafel überqueren wir sie und zweigen gleich danach links zum Linthdamm ab. Nach 1¼ Stunden entlang dem Fluss erreichen wir **Näfels**. Nach **Weesen** zum Bahnhof oder zur Bushaltestelle, benötigt man eine halbe Stunde. ▪

**Kerenzerberg**                    **4 Stunden**                    **April bis November**

## Ziegelbrücke – Gäsi – Filzbach – Britterenwald – Mollis

**Die Wanderung führt auf historischen Wegen durch eine von Linth und Walensee geprägte Landschaft. Nach dem vom Autobahnlärm begleiteten, einstündigen Aufstieg erwartet uns ein abwechslungsreicher und romantischer Weg bis nach Mollis.**

▥ **Ausgangspunkt:** Bahnhof Ziegelbrücke

▥ **Erreichbarkeit:** SBB bis Ziegelbrücke, ab Näfels zurück mit SBB; mit PW bis Ziegelbrücke

▥ **Wanderroute:** Ziegelbrücke - Linthbrücke Weesen - Gäsi - alte Eisenbahnbrücke - Walsaweg (Süstliweg) - Uf der Wisswand - Filzbach - Britterenwald - Vor dem Wald - Beglingen - Mollis - Näfels/Mollis Bahnhof

▥ **Wanderzeit:** Ziegelbrücke - Weesen - Gäsi 1 ¼ h, Gäsi - Filzbach 1 ¼ h, Filzbach - Näfels 1 ½ h; total 4 h

▥ **Höhenmeter:** Auf- und Abstieg je 350 m

▥ **Anforderungen:** längerer Aufstieg vom Gäsi nach Filzbach; geeignet für Kinder

▥ **Besonderheiten:** Wanderung auf Naturwegen; teilweise Autobahnlärm

▥ **Wanderkarte:** Glarnerland/Walensee 1:50 000 oder 1:60 000

▥ **Gaststätten:** Restaurant Biäsche, Gäsikiosk (Sommer), Weesen; Restaurants in Filzbach und Mollis

Beim Bahnhof **Ziegelbrücke** überqueren wir die Strasse und begeben uns links dem Linthkanal entlang Richtung Weesen. Das Denkmal für dessen Erbauer, **Konrad Escher** **von der Linth**, liegt etwas versteckt 200 Meter weiter vorne auf der linken Strassenseite. Nach den Bahnunterführungen öffnet sich die Landschaft und gibt den Blick auf die Churfirsten und das Glarnerland frei. Gemächlich fliesst der Fluss in seinem Steinbett dahin. Vor der **Biäsche** aber hat er sich ein Stück natürlicher Ufervegetation zurückerobert. In **Weesen** überschreiten wir die Linthbrücke und biegen links zum Gäsi ab.

Im Schutzgebiet von Hüttenböschen und Seeflechsen begegnen wir charakteristischen, alten Baumbeständen. Das zugängliche Seeufer im Gäsi ist ein Stück Urlandschaft mit wild wachsenden, knorrigen Bäumen und sandigen Buchten. Obwohl dieser Ort im Sommer stark frequentiert ist (Camping- und Badeplatz mit Kiosk), scheinen sich hier Mensch und Natur in einer Art Symbiose gegenseitig zu respektieren. Beim Einfluss der **Glarner Linth** in den Walensee benutzen wir die ehemalige **Eisenbahnbrücke** als Über-

**Idyllisch führt der Weg im Gäsi dem Walenseeufer entlang.**

gang. Hier zweigen wir rechts ab, unterqueren die Autobahn und folgen nach 50 Metern dem Weg links nach Filzbach hinauf.

Beim kleinen Brunnen gehen wir rechts und überwinden nun auf dem historischen Weg gut 300 Höhenmeter, anfangs leider begleitet vom Lärm der Walensee-Autobahn. Der in Serpentinen angelegte Landesfussweg, auch **Süstliweg** genannt, befindet sich in vorzüglichem Zustand. Moosüberwachsene Steine, durchsetzt mit der eigentümlichen Pflanze Hirschhorn, und viel Efeu begleiten uns im unteren Teil. Auf der Anhöhe erwartet uns eine herrliche Aussicht auf den blau-grünen Walensee und das gegenüberliegende Dorf Amden.

Bald weist eine Abzweigung zum Ferienzentrum Lihn. Doch wir setzen unsere Wanderung auf dem prächtigen Höhenweg über die offene Weide bei **Uf der Wisswand** fort. Am Ende des parkähnlichen Buchenwaldes finden wir einen der schönsten **Picknickplätze** des Glarnerlandes. Kletterfelsen mit Höhlen und Verstecken locken nimmermüde Kinder zum Erkunden und Austoben. Bergwärts erreichen wir in 10 Minuten **Filzbach** (Bushaltestelle Post). Einen guten Kilometer westwärts der Hauptstrasse entlang und einige hundert Meter nach dem **Hotel Römerturm** bei Punkt 742 weist der Weg rechts hinab in den **Britterenwald** und auf den alten Saumpfad.

Diesen benutzten schon die Römer als Querverbindung vom Zürichseegebiet nach Graubünden.

In dem mystisch anmutenden Britterenwald wandern wir gemächlich nach **Vor dem Wald** (Punkt 637). Hier müssen wir links die Hauptstrasse überschreiten und gleich danach scharf links abbiegen. In fünf Minuten steigen wir zum Waldrand hinauf. Auf dem weiteren Weg begleitet uns die Aussicht über die Linthebene und – im Frühjahr – ein intensiver Bärlauchduft. Oberhalb **Beglingen** heisst es die hier unübersichtliche Strasse mit Vorsicht zu überqueren. Über den hübsch gelegenen Weiler führt der Weg hinab nach Mollis und von da in einer Viertelstunde zum Bahnhof **Näfels**/Mollis.

∎

**Mai bis November**      3 bis 4 Stunden      Niederurnertäli

## Morgenholz – Hirzli – Planggenstock – Obere Planggen – Niederurnertäli

**Das Hirzli steht einem Bollwerk gleich am Eingang ins Glarnerland. Nach dem steilen Aufstieg werden wir auf dem Gipfel mit einer grandiosen Aussicht belohnt. Wer die zusätzliche Überquerung des Planggenstock wagt, muss schwindelsicher sein.**

▮ **Ausgangspunkt:** Bergstation der Seilbahn Niederurnen/Morgenholz

▮ **Erreichbarkeit:** SBB bis Niederurnen, ab Bahnhof in 15 Minuten zur Talstation (Wegweiser LNM beachten); mit PW bis Talstation Bergbahn

▮ **Wanderroute:** Morgenholz (987 m) - Schwinfärch (1174 m) - Ahorenhüttli - Hirzli (1640 m) - Planggenstock (1675 m) - (oder nach Obere Planggen 1434 m) - Bodenberg/Restaurant Hirzli - Morgenholz/Seilbahn - Niederurnen

▮ **Wanderzeit:** Morgenholz - Hirzli 1¾ h, Hirzli - Planggenstock - Obere Planggen 1 h, Obere Planggen - Morgenholz ¾ h; total 3 bis 4 h (mit Abstieg nach Niederurnen 4 bis 5 h); (verkürzte Variante: Hirzli - Obere Planggen ½ h)

▮ **Höhenmeter:** Auf- und Abstieg je 700 m

▮ **Anforderungen:** steiler Aufstieg aufs Hirzli, Überquerung des Planggenstock setzt Trittsicherheit voraus

▮ **Wanderkarte:** Glarnerland/Walensee 1:50 000 oder 1:60 000

▮ **Gaststätten:** Restaurant Hirzli, Bodenberg

Die Luftseilbahn bringt uns in Kürze nach dem **Morgenholz**. Bis zum Hirzli sind 1¾ Stunden veranschlagt und zumindest bis zur Alp **Schwinfärch** gehts ruppig aufwärts. Wir bewegen uns hier auf einem Teilstück des Skulpturenweges. Die originellen Holzfiguren erleichtern unseren Aufstieg nicht unwesentlich. Oberhalb des Alpgebäudes zweigen wir bei der Wandertafel scharf links ab. Nach einem weiteren steilen Stück den Hang hinauf wird der Weg flacher. Nach der Wegkreuzung **Ahoren** erreichen wir bald das verträumt gelegene **Ahorenhüttli**. Hier lässt sich eine kleine Pause einschalten, um die prächtige Sicht auf den tief blauen Walensee mit Mürtschenstock, Fronalpstock und Schilt zu geniessen.

Serpentinenartig schlängelt sich der Weg noch weitere 200 Höhenmeter hinauf durch ein interessantes Aufforstgebiet (Rottenwald). Immer wieder erhaschen wir einen Blick auf die gegenüberliegende Bergseite mit dem Brüggler und dem Wageten. Überraschend taucht

**Der Aufstieg wird belohnt: überwältigender Rundblick vom Hirzli.**

das **Hirzli** (1640 m) auf; eine exponiert gelegene Aussichtskanzel mit phänomenalem Rundblick. Die Sicht reicht weit über die Churfirsten hinaus bis zum Säntis und über das Zürcher Oberland bis nach Zürich. Ebenfalls sind einige Innerschwyzer Berge auszumachen, aber auch in weiterer Ferne die Rauchfahnen der AKWs von Gösgen und Leibstadt.

Für den Rückweg steigen wir 200 Meter zur nächsten Richtungstafel hinunter. Hier können wir uns für die einfache Variante des direkten Abstiegs nach **Obere Planggen** (15 Min.) entscheiden. Die Überquerung des Planggenstocks setzt Schwindelfreiheit voraus und ist bei nassem Wetter oder mit bergunerfahrenen Kindern nicht empfehlenswert. Auf dem schmalen Pfad, der teilweise an senkrecht abfallenden Felswänden entlang führt, ist Vorsicht geboten. Mit der Wahl des Planggenstocks verlängert sich die Wanderung um 45 Minuten. Auf dem **Planggenstock** weitet sich der Ausblick bis zur Rigi, den Mythen und dem Pilatus. Der nachfolgende, beinahe schon romantische Abstieg, wird erst nach dem **Kessel** wieder etwas rup-

pig und abschüssiger. Bei der Alp **Obere Planggen** treffen sich die zwei Wegvarianten wieder.

Der nächste Abschnitt, eine weiche, moorige Alpwiese, durchsetzt mit Erika und kurzem Spitzgras, verleitet uns zum Barfusslaufen. Weiter unten haben wir die Wahl, vorerst rechts zum Blockhaus mit dem schönen Abenteuerspielplatz und der Feuerstelle abzuzweigen, oder geradeaus zum **Restaurant Hirzli im Bodenberg** weiterzugehen. Das Gasthaus ist bei schönem Wetter in der Regel an allen Wochentagen geöffnet, ansonsten ist Donnerstag Ruhetag.

**Morgenholz** erreichen wir nach einer kurzen Wegstrecke und wiederum auf einem Teilstück des Skulpturenweges. Bei der Seilbahnstation können wir eine der beiden Abstiegsmöglichkeiten nach **Niederurnen** (1 h) wählen. Links führt die geteerte Strasse, rechts die leider nicht mehr gut gepflegte, alte Bergstrasse ins Tal hinunter. Erholsamer ist die Rückfahrt mit der gemütlichen Seilbahn.

**Schwändital**                 3 ½ Stunden                 **Mai bis Oktober**

## Schwändital – Brunnenberg – Sunnenalp – Lochegg – Winteregg – Matt – Schwändital

**Das ruhig gelegene und eher unbekannte Schwändital liegt zwischen dem Obersee- und dem Niederurnertal. Es überrascht mit ruhigen Landschaften, mystisch anmutendem Bergwald und imposanten Kletterfelsen.**

■ **Ausgangspunkt:** Parkplatz Schulhaus Schwändital

■ **Erreichbarkeit:** mit öffentlichen Verkehrsmitteln nicht erschlossen; mit PW von Näfels bis Ebnet Weiher, hier rechts abzweigend nach Schwändital

■ **Wanderroute:** Schulhaus Schwändital (1075 m) - Brunnenberg - Sunnenalp (1400 m) - Lochegg (1535 m) - Winteregg (1450 m) - Matt (1235 m) - Schwändital

■ **Wanderzeit:** Schwändital - Sunnenalp - Lochegg 2 h, Lochegg - Winteregg - Schwändital 1 ½ h; total 3 ½ h

■ **Höhenmeter:** Auf- und Abstieg je 450 m

■ **Anforderungen:** mittelstrenge Wanderung, Aufstieg anfänglich auf Teerstrasse

■ **Wanderkarte:** Glarnerland/Walensee 1:50 000 oder 1:60 000

■ **Gaststätten:** Bergbeizli in Twing (auf dem Schlussstück im Schwändital) ist bei schönem Wetter in der Wandersaison geöffnet.

Das Schwändital ist mit öffentlichen Verkehrsmitteln nicht erschlossen. Zu wenige Menschen leben noch in diesem Seitental, wo die Winter länger dauern als im Unterland. Von Näfels herkommend zweigt die Strasse nach dem Haslensee, bei **Ebnet-Weiher** (Punkt 825), rechts hinauf Richtung Schwändital. Auf der schmalen und teilweise ausgesetzten Bergstrasse fahren wir bis zum Parkplatz beim Schulhaus **Schwändital**.

Auf der Anfahrtsstrasse wieder gut 300 Meter zurückgehend, wandern wir links bei der Stützmauer auf dem Teersträsschen Richtung Sunnenalp/Lochegg bergauf. In der ruhigen Landschaft von **Eggenboden** begegnen wir alten und ehrwürdigen Ahornbäumen. Dazu gesellen sich ab hier wechselnde Aussichten in die Ferne.

Bald sind wir auf dem **Brunnenberg**, wo der Weg nun auf dem Strässchen durch schöne Matten mit Laub- und Nadelbaumgruppen führt. Rückwärts blickend beeindrucken uns die Schattenwände des Rautispitz und vor uns der prächtige Walensee mit den Churfirsten. An Höhe gewinnend erreichen wir die **Sunnenalp** mit der Tillmanhütte. Beim Holzkreuz lädt ein Aussichtsbänkli zum Betrachten der

Landschaft ein. Rechts hinauf lockt ein Bergweg auf den Aussichtspunkt Fridlispitz (1624 m). Durch die Heuwiesen dem Steilhang entlang wandern wir nun zur **Hinter-Sunnenalp** mit ihren «en miniature» erscheinenden Ferienhäuschen. Die ehemaligen Heuerhüttchen erwecken einen herausgeputzten Eindruck. Beim Wegweiser Sunnenplanke schlagen wir den Weg durch lichten Wald bergauf ein, Richtung Lochegg. Später nimmt uns ein märchenhafter Bergwald auf. Er ist durchsetzt mit vermoosten Steinen und Felsen, wilden

Bergtannen mit weit verzweigten Wurzeln und Heidelbeerbüschen.

Noch glauben wir uns weit weg vom Ziel, doch plötzlich taucht die **Lochegg** auf. Die Landschaft weitet sich. Unser Blick schweift ins hintere Schwändital und hinüber zum Hirzli, dem Federispitz und dem Mattstock. Nun geht es über das Alpsträsschen taleinwärts zur Alp **Winteregg**. Das Talende – mit Übergang ins Wägital – wird von den Felsbastionen des Tierberges, der Wageten und des Brügglers imposant umfasst. Bei der Alp Winteregg zweigt der Wanderweg

Beschauliche Ruhe im Schwändital mit Blick auf den Fronalpstock.

beschauliche Ruhe des Schwänditales. Von der **Schattenstafel** sind es nur noch wenige Gehminuten bis **Matt**. Der

auf der Alpstrasse links hinunter ins Schwändital. Nach der ersten Kurve überqueren wir links auf einem Trampelpfad die Alpweide und gelangen unten wieder auf das Strässchen. Etwas oberhalb des schönen Hochmoores Gross Moos schreiten wir talauswärts und erleben dabei die Anmut und die kleine Campingplatz mit Toilettenanlage ist Treff- und Ausgangspunkt für KletterInnen und BikerInnen. Auf dem romantischen Schlussstück, teils über Abkürzungen oder auf der Strasse, schlendern wir zum Schulhaus **Schwändital** zurück. ▪

Mai bis Oktober         4 Stunden         Oberseetal

## Obersee – Boggenmoor – Ahornen – Obersee

Im Bereich des sehenswerten Boggenmoors ist die Wanderroute nicht immer optimal markiert. Später wandern wir durch die faszinierende Alplandschaft von Ahornen. Im Sommer lockt das kleine Schwimmbad im Oberseestafel zu einem erfrischenden Abschluss.

▉ **Ausgangspunkt:** Obersee

▉ **Erreichbarkeit:** SBB bis Näfels, Näfels - Obersee mit Oberseetaxi (siehe unten); mit PW nach Obersee

▉ **Wanderroute:** Obersee (992 m) - Lochberg - Näfletenberg - Boggenhöhi (1258 m) -Boggenmoor - (1313 m) - Boggenberg - Landoltberg - Geissgaden (1213 m) - Girsboden - Stäfeli-Söli (1469 m) - Ahornen (1391 m) - Ahornenälpli (1404 m) - Brunnmetteln - Oberseestafel - Obersee

▉ **Wanderzeit:** Obersee - Boggenhöhi 1¼ h, Boggenhöhi - Ahornen 1½ h, Ahornen - Obersee 1¼ h; total 4 h (mit Ahornenälpli 4½ h)

▉ **Höhenmeter:** Auf- und Abstieg je rund 600 m

▉ **Anforderungen:** die Wege zum Boggenmoor sind teilweise nicht markiert

▉ **Wanderkarte:** Glarnerland/Walensee 1:50 000 oder 1:60 000; empfehlenswert Landeskarte Klöntal 1:25 000

▉ **Oberseetaxi:** Tel. 055 612 10 72 (Kurs morgens 08.15 Uhr, weitere Fahrten auf Bestellung)

▉ **Gaststätten:** Restaurant Obersee und Restaurant Aeschen, Oberseetal

Mit dem PW oder dem Oberseetaxi fahren wir zum **Obersee**. Der Wanderweg führt rechts am Restaurant Obersee vorbei, gut 200 Meter der Seestrasse entlang und nachfolgend auf dem leicht erhöhten Waldlehrpfad rechts weiter. Nach einigen hundert Metern folgt rechts eine Abzweigung zum Näfelserberg und zur Boggenhöhi. Wir durchqueren den Wald aufwärts und gelangen auf einem kurzen Stück Teerstrasse weiter nach **Lochberg**. Hier schweift unser Blick zu den Bergen Brünnelistock, Churfirsten, Leistkamm, Mürtschen- und Fronalpstock.

Bei der kleinen Wegkreuzung (Stall mit Schindeln) stehen uns bis zur Boggenhöhi zwei Wegvarianten zur Verfügung: Die etwas weitere und strengere rechts über den Kamm und die kürzere links über die Strasse. Wir bevorzugen den nicht markierten Weg rechts. Beim folgenden Bauernhof zweigen wir links zum Stall hinauf und weiter zum Ferienhäuschen. Von hier steigen wir auf dem weglosen Hügelkamm Richtung Boggenberg. Auf dem moorigen Hang sind im Herbst

**Den Obersee kann man auch bequem in einer Stunde umrunden.**

oftmals nicht wenige Pilze anzutreffen. 20 Meter oberhalb des Aussichtsbänkleins, am Ende des Kamms, führt ein kleiner und unscheinbarer Pfad in den Wald.

Bald erreichen wir die **Boggenhöhi** und 10 Minuten später das sehenswerte **Boggenmoor**. Auf dem sauren Boden gedeihen Moorbirken, Bergföhren und Torfmoose. Die Moorbeere, welche der Heidelbeere gleicht und ganze Teppiche bildet, hat sich im westlichen Teil angesiedelt. Eher selten zeigt sich der Moorenzian. Im Boggenmoor fehlt die Wegmarkierung weitgehendst. Deshalb nehmen wir ab

und zu die Karte zur Hand. Bei **Boggenberg** halten wir links zum Kamm, ansonsten wir zur Rossweid gelangen. Eindrücklich thront vor uns der Bärensolspitz (1831 m).

Am Ende des Hügelkamms zweigen wir vor dem Stall links auf das schmale Strässchen hinab. Beim Bauernhaus mit Stall begeben wir uns rechts auf den Wiesenpfad. Unterhalb des folgenden Ferienhauses gelangen wir auf einem Privatsträsschen nach Geissgaden. Kurz danach weist rechts eine Abzweigung nach Girsboden. Hier gilt es 20 Höhenmeter den Hang hinauf zu überwinden. Nach dem anschliessend stotzigen Waldstück erreichen wir die Alpweide des **Girsboden**. Die hier bestehende

Abkürzung nach Brunnmettlen ist unmarkiert und ungepflegt.

Der weitere Weg nach Ahornen führt über **Stäfeli-Söli**. Der Aufstieg von 250 Höhenmetern mit beeindruckender Sicht auf die Bergkulisse lohnt sich. **Ahornen** – in Vorder- und hinter Ahornen unterteilt – erfreut uns mit einer grossen Ansammlung schmucker Heuerhüttchen. Sie werden heute mit viel

Nostalgie zu Ferienzwecken benutzt. Für den kurzen Abstecher ins **Ahornenälpli** benötigen wir je 15 Minuten. Die archaische Alp klebt zuhinterst im Talkessel am Fusse der grossartigen Felsarena des Bockmattli.

Wir verlassen Ahornen über den teilweise steilen Weg hinab nach Brunnmettlen und weiter Richtung Obersee. Beim See lohnt sich ein kurzer Umweg zum **Oberseestafel**. Das dort gelegene kleine Schwimmbad lockt im Sommer mit Planschbecken, Spielplatz und einer Feuerstelle. Den Abschluss bildet der Spaziergang auf dem rechten Uferdamm des **Obersees** zum Ausgangspunkt. ▰

## Von Richisau nach Riedern oder Glarus

Erfrischendes Wasser und schattenspendender Wald sind die besonderen Merkmale dieser Wanderung. Ebenso reizvoll sind die zahlreichen Picknick- und Badeplätze. Ein Stück Urlandschaft, geniessbar als typische Sommerwanderung.

■ **Ausgangspunkt:** Richisau/Klöntal (Endstation Postauto)

■ **Erreichbarkeit:** SBB bis Glarus, mit Postauto bis Richisau; mit PW bis Glarus, Riedern oder Rhodannenberg (für verkürzte Variante)

■ **Wanderroute:** Richisau (1103 m) - Schwändeli - Plätz (853 m) - Klöntaler Seeweg - Bärentritt - Güntlenau - Rhodannenberg - Löntschtobel - Tobelbrücke (664 m) - Riedern (529 m) - Glarus

■ **Wanderzeit:** Richisau - Vorauen 1 h, Vorauen - Rhodannenberg 2 h, Rhodannenberg - Riedern 1 ¼ h; total 4 ¼ h (bis Glarus 4 ¾ h)

■ **Höhenmeter:** Aufstieg gering, Abstieg 650 m

■ **Anforderungen:** trotz der Länge leicht und erholsam

■ **Wanderkarte:** Glarnerland/Walensee 1:50 000 oder 1:60 000

■ **Postauto:** meist stündliche Verbindungen

■ **Gaststätten:** Berggasthaus Richisau und Restaurant Plätz am Weg. Weitere Gaststätten: Vorauen, Rhodannenberg, Staldengarten

Das erprobte Verkehrsmittel ins Klöntal ist das Postauto, welches wir in Glarus, oder – für eine verkürzte Variante – bei der Post in Riedern besteigen. Nach dreiviertel Stunden Fahrt treffen wir in **Richisau** (1110 m. ü. M.) ein. Der Ort beherbergte früher Berühmtheiten wie die Dichter Conrad Ferdinand Meyer oder Karl Spitteler (siehe auch Wandertipp 12). Richisau ist Ausgangspunkt für Touren über den Pragelpass, auf Silberen oder ins benachbarte Wägital.

Vorerst wandern wir auf der Bergstrasse 200 Meter zurück und zweigen links in den Waldweg ab. Er führt durch eine wechselnde Vegetation mit Trockenstandorten, Wald- und Feuchtgebieten. Bei **Schwändeli** überrascht uns der prachtvolle Ausblick auf den farbintensiven Klöntalersee so wie auf das Hinter Klöntal. Nun überqueren wir die Bergstrasse zweimal und lenken unterhalb in einen Wiesenweg. Wieder auf der Strasse abwärts gehend, verlassen wir diese rechter Hand, unmittelbar nach dem Chalet. Beim «Niederurner Ferienheim» zweigen wir halb-

Richisau beherbergte auch schon berühmte Dichter und Maler.

rechts ab zum **Restaurant Plätz** und überschreiten danach links im Wäldchen die «Chlü».

Vergnügt wandern wir weiter, stetig den smaragdgrünen See vor Augen. Der **Klöntaler Seeweg** führt nun zwei Stunden – vorwiegend durch den erfrischenden Bergwald – dem Seeufer entlang. Besonders imposant sind die hohen Felswände der Glärnischwand. Anfangs breitet sich eine wunderschöne Auenlandschaft aus, und die «Chlü» schlängelt sich bezaubernd in jugendlicher Manier zum See. Links von uns ergiesst sich eine Quelle direkt aus dem Boden und

rechter Hand sprudelt aus einer Felsspalte hektoliterweise kühles Quellwasser.

Erste Badegelegenheiten bieten sich im bewaldeten Delta der **Dunggellaui** an. Weiter führt der vielfältige Weg an eindrücklichen Wasserfällen vorbei, lotst direkt am Seeufer und an steilen Felswänden entlang oder leitet hinein in den kühlenden Bergwald. Nichts kann die Stimmung trüben, auch nicht die ab und zu kreischenden Töffmotoren auf der gegenüberliegenden Seeseite. Nach der Überquerung von kleineren Lauibächen erreichen wir den senkrecht in den

See abfallenden Felsen des **Bärentritts**. Sein Felskänzeli animiert im Sommer gar manche Wagemutige zu einem kühnen Felsensprung. Weiter durch den **Darliwald** schreiten wir zum Campingplatz **Güntlenau**. An warmen Sommertagen flaniert hier buntes Volk: Sonnenbadende im Bikini und Zeltnomaden auf Zeit.

In **Rhodannenberg** könnten wir auch das Postauto nach Glarus besteigen. Wir ziehen das romantische Schlussstück durchs **Löntschtobel** auf dem liebevoll angelegten Wanderweg vor. Im schluchtenähnlichen Gebiet begegnen uns am Weg liegende, riesige, mit Moos und Farn bekleidete Felsblöcke. Nach einem kleinen Aufstieg sind wir bei der **Tobelbrücke**. Die Bogensteinbrücke schwingt sich 40 Meter hoch über die tiefen Löntschschlucht. Ein Blick in die Tiefe lässt uns staunen und schwindlig werden zugleich.

Wieder auf dem Wanderweg führt nach 50 Metern eine Wegalternative zur **Allmeind** hinauf und nach Glarus. Nach Riedern wandern wir geradeaus, rechts vorbei am lauschigen Picknickplatz und dem roten Bänkchen, bis zu den ersten Häusern des Dorfes. Nach einem kurzem Aufstieg gelangen wir nach **Riedern** und in einer halben Stunde nach **Glarus**. ∎

Mai bis Oktober      2 ½ bis 3 ½ Stunden      Klöntal

## Richisau – Brüschalp – (Brüschbüchel) – Schwialp – Richisau

**Die Wanderung bietet vielfältige Eindrücke der Glarner Berge. Silberen und Glärnisch liegen zum Greifen nah. Wir finden Stille und Einsamkeit in einer intakten Berglandschaft.**

■ **Ausgangspunkt:** Vorder Richisau

■ **Erreichbarkeit:** SBB bis Glarus, Postauto nach Richisau; mit PW nach Richisau

■ **Wanderroute:** Vorder Richisau (1103 m) - Hinter Richisau - Brüschalp (1577 m) - (Brüschbüchel (1817 m) - Schwialp (1547 m) - Hinter Richisau - Vorder Richisau

■ **Wanderzeit:** Richisau - Brüschalp 1 ½ h, Brüschalp - Richisau 1 h; total 2 ½ h (mit Brüschbüchel 3 ½ h)

■ **Höhenmeter:** Auf- und Abstieg je 480 m (mit Brüschbüchel 720 m)

■ **Anforderungen:** steiler Aufstieg nach Brüschalp

■ **Wanderkarte:** Glarnerland/Walensee 1:50 000 oder 1:60 000

■ **Gaststätten:** Gasthaus Richisau

**Richisau** liegt eingerahmt inmitten majestätischer Berge. Manchen von uns wird es ergehen wie Carl Spitteler, der das Klöntal «als einen der allererlesensten Landschaftsgenüsse, die es auf Erden gibt», umschrieb. Weitere Namen von Berühmtheiten sind im alten Gästebuch des Restaurants zu finden. Von heutigen Künstlern stammt der sehenswerte blaue Stein im parkähnlichen Ahornwald. Zuerst wandern wir eine gute Viertelstunde auf der geteerten Strasse nach **Hinter Richisau**. Vor der Brücke (**Punkt 1132**) begeben wir uns rechts auf den Bergweg Richtung Schwialp/ Brüschalp. Anfänglich begleiten uns knorrige, alte Ahornbäume und später, auf dem einstündigen, teils steilen Aufstieg, Jungwald, Heidelbeerfelder und Farnsträucher.

Es ist vorteilhaft die Wanderung am früheren Morgen zu beginnen. Denn zu dieser Tageszeit spenden die Bäume willkommenen Schatten auf dem exponierten Sonnenhang. Links gegenüber erblicken wir die Bergkette mit Mieserenstock, Fläschenspitz, Wäni- und Gantspitz. Eine erste Alpstallung (**Punkt 1384**) lädt uns zu einer kleinen Verschnaufpause ein. Hier zeigt eine Abzweigung nach der Oberen Schwialp. Zur Brüschalp wählen wir aber den Weg über die Weide geradeaus zum Wald hinauf und überwinden damit nochmals gut 100 steile Höhenmeter.

Auf 1516 m eröffnet sich unvermittelt eine fantastische Landschaft

**Friedlich liegt die Brüschalp vor dem Übergang ins Wägital.**

mit riesigen Heidelbeer- und Alpenrosenteppichen. Auf erholsamem Weg erreichen wir die **Brüschalp**. Der von hier knapp dreiviertelstündige Aufstieg zum **Brüschbüchel** (gleicher Hin- und Rückweg) führt durch wegloses, mit Alpenrosenbüschen durchwachsenes Gebiet. Die Überwindung der 240 Höhenmeter zahlt sich aus: Die Aussicht vom Gipfel (1817 m) ist grossartig. Nachhaltig präsentieren sich der Klöntalersee, der eigenartige Ochsenkopf und die Karrengebiete des nahen Wannenstöckli.

Falls wir auf die Besteigung des Brüschbüchels verzichten, lohnt sich ein kleiner Abstecher zu den **Seeböden** (auf Wanderkarte nicht ersichtlich). Dazu steigen wir beim Bergkreuz fünf Minuten lang den Hang hinauf und finden dann die drei kleinen Seen rechterhand. Sie wiederspiegeln die gegenüber liegenden Silberen auf wunderbare Weise und lassen diese fast greifbar nah erscheinen.

Wieder auf der **Brüschalp** wandern wir rechts bis zur Wandertafel, von wo ein Weg ins Wägital führt.

Hier zweigen wir scharf links ab und gelangen so auf der anderen Talseite zur **Oberen Schwialp**. Nach der Alp könnten wir auch rechts Richtung Pragelpass weiter gehen. Doch dieser Weg ist ruppig, führt teilweise durch Rutschgebiet und ist nicht unbedingt empfehlenswert. Wir bevorzugen die gemütlichere Strecke zur **Mittleren Schwialp** und weiter zur **Unteren Schwialp**.

Danach passieren wir zweimal die Pragelpassstrasse. Alsbald wer-

den wir mit dem «Abschlussdessert» belohnt: Während rund 20 Minuten wandern wir durch ein herrliches Waldmoorgebiet.

Es ist besonders anfangs Juni eindrucksvoll, wenn die goldgelben Trollblumen und die lila farbenen Orchideen blühen. Über **Hinter Richisau** kehren wir zur Postautostation im **Richisau** zurück. Die Rückfahrt lässt uns noch einmal den Klöntalersee mit seiner einzigartigen Farbschattierung und Spiegelung der nahen Bergriesen erleben. ▪

## Unter Roggenloch – Bödmeren – Torstöckli – Chalbertal – Gschwänd – Unter Roggenloch

Der Abstecher in den Kanton Schwyz ist eine angenehme Rundtour quer durch den Urwald von Bödmeren. Wir erleben die Vielfalt dieses einzigartigen Biotops. Im Sommer verkehrt von Richisau her auch der Pragelbus und erspart den Aufstieg zum Pragelpass.

■ **Ausgangspunkt:** Unter Roggenloch/ Parkplatz, 2 km ab Pragelpasshöhe - Richtung Muotatal

■ **Erreichbarkeit:** mit Bus bis Richisau, mit Pragelbus bis Unter Roggenloch; mit PW via Glarus-Richisau (an Wochenenden von Glarner Seite her ab Richisau gesperrt) oder von Muotatal bis Unter Roggenloch/Parkplatz.

■ **Pragelbus:** im Sommer täglich ab Richisau/Klöntal bis Muotatal/Hölloch und zurück. Reservation und Fahrplan-Auskunft, Tel. 041 817 75 00; www.aags.ch (Achtung Projektphase)

■ **Wanderroute:** Unter Roggenloch (1525 m) - Alp Bödmeren (1634 m) - Bödmeren - Flöschen (1658 m) - Torstöckli - Aebnenmatt (1599 m) - Chalbertal - Obersaum (1510 m) - Unter Gschwänd - Ober Gschwänd - Stägen (1500 m) - Unter Roggenloch

■ **Wanderzeit:** 4 bis 4½ h

■ **Höhenmeter:** Auf- und Abstieg je ca. 400 m

■ **Anforderungen:** längere Wanderung, die gute Sichtverhältnisse voraussetzt

■ **Wanderkarte:** Uri 1:50 000 (sollte genügen), Linthal 1:25 000, Muotatal 1:25 000

■ **Gaststätten:** Rest. Richisau, Klöntal; am Wanderweg keine

Der Parkplatz **Unter Roggenloch** ist Ausgangpunkt der Wanderung. Wir erreichen ihn mit dem PW (Fahrverbot am Wochenende von Glarner Seite her) und während einer begrenzten Zeit im Sommer auch mit dem Pragelbus (siehe Informationen oben). Die Wandertafel weist uns nach Ober Roggenloch und Bödmeren. Nach gut 20 Minuten erreichen wir die heimelige, im Jahre 1845 erbaute Hütte auf **Alp Bödmeren**. Nun weiter zum **Punkt 1636** weist der Weg Richtung Flöschen und Tor. Hier beachten wir mit Vorteil die Wegzeichen auf dem Boden, um nicht auf den Viehweg zu gelangen. Nach kurzer Zeit zweigt der Pfad leicht links hinauf Richtung Tor und Rätschtal.

Nun folgt ein längeres, gut begehbares Wegstück durch losen

**Die Alp Bödmeren befindet sich am Rande des Bödmeren-Urwaldes.**

Wald, zerklüftetes Karstgelände mit tiefen Schrunden und einer selten schönen Vegetation. Auf der Alp **Torstöckli** geniessen wir die fantastische Rundsicht auf die Dreitausender mit Clariden, Gemsfairen und Bös Fulen. Weiter rechts auf dem Alpsträsschen Richtung Saum und Gschwänd dürfen wir nach 10 Minuten die Abzweigung links nach Saum nicht verpassen. Die folgenden schön gelegenen Hütten der **Alp Aebnenmatt** weisen noch alte Schindeldächer auf. Der Weg führt weiter durch kleine Täler, über Ebenen und Feuchtgebiete mit Mulden und Senkungen – eine sagenhafte,

archaisch, voll mystischer Geheimnisse anmutende Landschaft! Beim Aussichtspunkt **Obersaum** geniessen wir auf dem Sitzbänkchen die herrliche Aussicht auf das tief unten liegende Bisital, mit dem Weiler namens «Herrgott» und seiner auffallenden Kirche. Weiter auf einem kurzen Stück Höhenweg erkennen wir den Hauptort Muotatal.

Der Weg führt nun Richtung **Gschwänd** mit seinem offenen Weidegelände. Nach der Alp zweigen wir nach etwa 500 Meter rechts ab. Dabei ignorieren wir die markierte Wanderstrecke – welche direkt zur Pragelpassstrasse abzweigt, und gelangen so über Weideland zur **Alp Stägen**. Danach tauchen nach gut 100 Metern plötzlich wieder Wanderwegmarkierungen auf. Der Pfad weist nun leicht aufwärts gegen **Bödmeren** und weiter geht es auf einem schmalen, aber guten Wanderweg durch Fichtenurwald.

Haben wir bis jetzt den eigentlichen Bödmerenwald erst in Teilstücken erlebt, können wir ihn nun hier in seiner ganzen Dimension erfassen. Zwar ist ein schweizerischer Fichtenurwald kein Dschungel im herkömmlichen Sinn. Trotzdem ist er vielfältig und weist über 300 verschiedene Flechtenarten, Moose und Farne auf. Beeindruckend sind auch die meterlangen grauen Fäden an den Bäumen, welche wie Bärte aussehen, die usnea longissima. Das Wasser versickert im Karstboden und sammelt sich im grossen Höhlenlabyrinth des Höllloches. Mit Glück begegnen wir vielleicht dem Auerhuhn, dem Sperling und dem Rauhfusskauz oder

dem Birkhahn. An der gegen Schluss folgenden Weggabelung verlassen wir nochmals kurz den markierten Weg und gehen das Strässchen rechts hinauf. Nach gut fünf Minuten erkennen wir links unten wieder das Ausgangsziel, die Alp **Unter Roggenloch**. ▨

---

**Der Bödmerenwald – der grösste zusammenhängende Fichtenurwald im Alpenraum**

«Unterhalb des verkarsteten und kahlen Gebietes der Silberen breitet sich auf einem Plateau der Bödmerenwald mit seinem Urwaldreservat aus. Die zum Teil sehr alten Fichten wachsen in kleinen Gruppen heran; in den Bödmeren ist rund die Hälfte der Waldfläche unbestockt. Das eigentliche Urwaldreservat hat eine Ausdehnung von 70 Hektaren und ist eingebettet in einem 600 Hektaren grossen, naturbelassenen Fichtenwald. Die Menschen konnten seit jeher wenig Einfluss nehmen auf dessen Entwicklung. Für die Holzgewinnung ist das Gelände zu mühsam und der Karstboden für die Menschen zu gefährlich.»

*(Auszug aus dem Buch: «Urwald in den Schwyzer Bergen» von Walter Kälin)*

| Mai bis Oktober | 3 ¾ Stunden | Glärnisch/Klöntal |

## Vorauen – Vorder Richisau – Chlüstalden – Chäsern – Vorauen

Auf dieser Wanderung lassen sich das geheimnisvolle Klöntal und die raue Bergwelt zwischen Silberen und Glärnisch eindrücklich erleben. Unser Ziel ist das verwunschene Bergdörfchen von Chäsern, wo wir uns im Gasthaus von Glarner Spezialitäten verköstigen lassen können.

▓ **Ausgangspunkt:** Vorauen/Klöntal

▓ **Erreichbarkeit:** SBB bis Glarus, mit Bus bis Vorauen; mit PW bis Vorauen

▓ **Wanderroute:** Vorauen (850 m) - Schwändeli - Moos (1090 m) - Vorder Richisau (1103 m) - Chlüstalden (1054 m) - Chäsern (1250 m) - Chlüstalden - Hinter Klöntal - Vorauen

▓ **Wanderzeit:** Vorauen - Richisau (60'), Richisau - Chäsern (90'), Chäseren - Vorauen (75'); total 3 ¾ h

▓ **Höhenmeter:** Auf- und Abstieg rund 500 m

▓ **Anforderungen:** etwas steiler Schlussabstieg ins Klöntal

▓ **Wanderkarte:** Glarnerland/Walensee 1:50 000 oder 1:60 000

▓ **Shuttlebus:** Tel. 055 640 11 77

▓ **Berggasthaus Käsernalp:** Tel. 055 640 11 77 (offen Mitte Mai bis Mitte Oktober, Übernachten in Zimmern, Matratzenlager, Skihüsli); www.kaesernalp.ch

An heissen Sommertagen suchen viele Menschen die erfrischende Kühle des Klöntals auf. Die meisten Badeplätze befinden sich am südwärts gelegen Ufer des Sees, mehrheitlich im Güntlenau (Campingplatz mit Kiosk). Wir fahren mit dem Bus bis Vorauen. Wer sich den anschliessenden 60-minütigen Aufstieg nach Richisau ersparen möchte, fährt weiter bis dorthin. In **Vorauen** begeben wir uns Richtung Plätz/Richisau. Nach der Abzweigung bei der Bergkirche (eine Möglichkeit besteht auch beim Restaurant **Plätz**) gelangen wir nach dem Wäldchen und der Wiese aufwärts zur Bergstrasse. Einige hundert Meter der Strasse entlang, folgt dann rechts der Bergweg über den Hang hinauf. Daraufhin überqueren wir noch zweimal die Bergstrasse und zweigen rechts auf das Alpsträsschen ein. Nach den Alpgebäuden führt uns die Waldstrasse in einen schattenspendenden Mischwald, wo wir bei Moos (1090 m) in den Waldpfad gelangen. Über feuchte Waldboden und durch ein kleines Tobel erreichen wir abwärts gehend, kurz vor Richisau, wieder die Bergstrasse.

In **Richisau** lädt das schöne Restaurant (Übernachtungsmög-

**Das Bergdörfchen Chäsern im Rossmattertal ist wie ein Relikt aus alten Zeiten.**

lichkeiten) zu einer Einkehr und zu einem Besuch des «blauen Steins» im herrlichen Ahornwald ein. Danach überqueren wir links den Bergbach Richtung Chäsern (1 ½ h). Beim folgenden **Aussichtspunkt** mit Sitzgelegenheiten halten sich immer wieder Ruhe suchende und meditierende Menschen auf – ein Kraftort? Er bietet eine fantastische Aussicht auf den Klöntalersee und die imposante Bergkette des Glärnisch. Über die Alpweide gelangen wir folgend in den Wald und abwärts über teils grobe Wegabschnitte. An einer Stelle ist der Pfad mit einem Drahtseil gesichert

(ungefährlich). Nach einer kleinen Waldlichtung geht es wieder leicht aufwärts und entlang dem mit hellgrünem Moos überzogenen Waldboden. Wiederum abwärts gehend erreichen wir die Abzweigung **Chlüstalden**.

Nun heisst es auf einem Alpsträsschen 200 Höhenmeter zu überwinden. Der rauschenden Rossmatter Chlü entlang erreichen wir das Zwischenplateau, mit schönem Blick auf Ruchigrat, Bös Fulen (2801 m) und Bächistock (2914 m). In Sichtweite befindet sich bereits das Bergdörfchen Chäsern. Die Ansammlung verschiedenster Minihüttchen auf **Chäsern** – heute zu Ferienzwecken umgebaut – diente in früherer Zeit der Unterbringung des Wildheues. Das rustikale **Berggasthaus Käsernalp** bietet eine einfache, gutbürgerliche Küche und Übernachtungsmöglichkeiten an. Dabei geben sich weniger Anspruchsvolle mit dem Matratzenlager zufrieden. Wer es etwas luxuriöser schätzt, dem stehen reizvolle Schindelhäuschen mit Einer- oder Zweierzimmern zur Verfügung. Chäsern ist auch Ausgangspunkt grossartiger Touren zur Glärnischhütte (2 ¼ h), auf die Silbern (4 h)

oder nach Braunwald (7 h). Auf Anfrage steht für den Transport von und nach Chäsern auch ein Shuttle-Bus zur Verfügung.

Der Rückweg bringt uns vorerst wieder nach **Chlüstalden** und folgend über ein teils steiles Wegstück über die Alpstrasse nach **Elmer**. Erholung für die vielleicht etwas lädierten Kniegelenke bringt uns dann das Schlussstück der lauschigen Chlü entlang. In Bälde erreichen wir **Plätz** (Postautohaltestelle) und nach weiteren 10 Minuten **Vorauen** (Posthaltestelle).

**Klöntal/Glarus**              2 ½ bis 3 Stunden              **Mai bis Oktober**

## Rhodannenberg (Klöntal) – Schwammhöchi – Vord. Saggberg – Glarus

**Die meiste Zeit wandern wir in erfrischendem Bergwald. Auf der Schwammhöchi geniessen wir die faszinierende Aussicht auf den Klöntalersee und die tells senkrecht abfallenden Bergflanken des Glärnischmassivs.**

■ **Ausgangspunkt:** Rhodannenberg am Klöntalersee

■ **Erreichbarkeit:** mit dem Postauto ab Glarus (Vorsaison und Saisonkurse beachten); mit dem PW bis Glarus/Bhf

■ **Wanderroute:** Rhodannenberg (851 m) - Näggeler - Schwammhöchi (1100 m) - Stelliwaldhütte (1015 m) - Vord. Saggberg (909 m) - Punkt 767 - Allmeind - Bitzigen (593 m) - Glarus (420 m)

■ **Wanderzeit:** Rhodannenberg - Schwammhöchi 45', Schwammhöchi - Glarus 2 h; total 2 ¾ h

■ **Höhenmeter:** Aufstieg 251 m, Abstieg 680 m

■ **Anforderungen:** leichte Wanderung auf meist guten Wegen

■ **Wanderkarte:** Glarnerland 1:50 000 oder 1:60 000

■ **Postauto:** Tel. 058 453 81 08, www.postauto.ch

■ **Variante:** mit dem Postauto nach Riedern und entlang dem Löntschbach zum Klöntalersee; ab Riedern zusätzlich 1 ¼ h; ab Glarus zusätzlich 1 ¾ h

■ **Gaststätten:** Rest. Rhodannenberg, Rest. Schwammhöchi

Das Klöntal gehört zu den schönsten Bergtälern der Voralpen. So schreibt Carl Spitteler, welcher 1900 das Tal durchwanderte, unter anderem: «Es ist hier eine Vereinigung von Grösse, Klarheit und Einfachheit, wie sie kaum je wieder gefunden wird. Wer ein einziges Mal die Klöntaler Einsamkeit bei günstigem Licht anschaut, der kann das Bild zeitlebens nicht mehr vergessen.» Die Fahrt mit dem Postauto von Glarus durchs Löntschtobel ist kurvenreich.

In **Rhodannenberg** steigen wir aus und gehen links über den **Seedamm**. Dabei lässt uns der Anblick der Wasserspiegelungen im See und die Mächtigkeit des Glärnischmassivs staunen. Hoch oben erkennen wir den eisbedeckten Schwander Grat, den Übergang zum Vrenelisgärtli. Vorne am See befindet sich ein schöner Campingplatz mit zahlreichen Bademöglichkeiten. Am Ende des Dammes geht es vorerst etwas steil über einen Treppenweg und durch Wald aufwärts. Wer den ersten Postautokurs um 8.25 Uhr nimmt, kann noch in Ruhe und Beschaulichkeit den erfrischen-

Grandiose Aussicht vom Gartenrestaurant Schwammhöchi auf den Klöntalersee.

den Bergwald geniessen. Zwar befindet sich der Weg etwas abseits der Strasse, doch ist das Verkehrsaufkommen an schönen Wochenenden nicht unbedeutend. Kurz vor Hinter Saggberg taucht aus dem Wald der eindrückliche Vorderglärnisch auf. Nach dem Punkt **Näggeler** zweigen wir links ab und gehen folgend halbrechts in den Wald.

Vorbei an zahlreichen Heidelbeerbüschen erreichen wir die **Schwammhöchi**, wo dessen gleichnamiges Gartenrestaurant zu einer ausgiebigen Rast einlädt. Hier können wir uns satt sehen an der eindrücklichen Sicht auf die gesamte Länge des Klöntalersees. Besonders beeindrucken auch die steilen und fast senkrechten Flanken des Glärnischmassivs. Auf der Schwammhöchi bietet sich auch ein rund einstündiger Rundgang an. Hinter dem Restaurant befindet sich ein Picknickplatz mit Brunnen. Für den Abstieg benutzen wir den dortigen nicht markierten Wiesenpfad bis zur grossen Richtstrahlantenne (Bank mit schöner Aussicht auf Dejenstock und Gumenstock) oder die Strasse bis zum **Glarner Schul-**

und folgend durch Wald zum Alpgebäude von Bärschirüti. Nach einem kurzen Stück Bergstrasse zweigen wir nach 200 Metern links zur **Allmeind** ab. Eine weitere nächste Abzweigung weist links zum Staldengarten und nach Riedern (Posthaltestellen an beiden Orten). Richtung Glarus gehend erreichen wir nach dem langen Teilstück auf der sonnenausgesetzten Allmeind die Wandertafel **Bitzigen**. Nach wenigen Metern auf der Bergstrasse biegen wir beim roten Bänkchen halbrechts auf den markierten Wanderweg ein (auf der Wanderkarte nicht als offizielle Route aufgeführt). Bald erreichen wir die ersten Häuser von **Glarus** und in einer weiteren Viertelstunde den Bahnhof. ▉

ferienheim. Kurz davor zweigt ein Weg von der Strasse links ab.

Durch lichten Bergwald gelangen wir nach **Stelliwald**, gehen dort geradeaus weiter und erreichen gemütlichen Schrittes die **Stelliwaldhütte** (Picknickplatz mit Brunnentrog). Wir ignorieren den Wegweiser, welcher nach Glarus weist und zweigen links nach Riedern und Netstal ab. Diese Wegvariante ist etwas lohnender als die direkte Route nach Glarus. Über einen Waldpfad erreichen wir die Alp **Vord. Saggberg**. Danach gelangen wir am Rande der Alpweide

## Hinter Saggberg – Vorderglärnisch (2327 m)

**Die Bergtour auf den Vorder Glärnisch ist auch für wenig Bergerfahrene und Kinder ein grossartiges Erlebnis. Sie setzt jedoch eine gute Kondition und Trittsicherheit voraus. Die alpine Route ist an einzelnen exponierten Stellen mit Drahtseilen gesichert.**

■ **Ausgangspunkt:** Hinter Saggberg

■ **Erreichbarkeit:** mit PW über Glarus bis zum Parkplatz oberhalb der Stallungen bei Hinter Saggberg (1053 m); mit Postauto (Sommerfahrplan) bis Rhodannenberg (zusätzlich 1 ½ h Hin- und Rückweg)

■ **Wanderroute:** Auf- und Abstieg gleiche Route: Hinter Saggberg (1053 m) - Stäfeli - Gleiter (1474 m) - Glärnischplanggen - Nordwestgrat - S-Flanke - Vorderglärnisch (2327 m)

■ **Wanderzeit:** Aufstieg 3 ½ bis 4 h, Abstieg 2 ½ bis 3 h; total 6 ½ bis 7 h

■ **Höhenmeter:** Auf- und Abstieg je 1274 m

■ **Anforderungen:** sehr steiler Auf- und Abstieg auf alpiner Route; gute Kondition und Trittsicherheit sind vorausgesetzt; Vorsicht bei drei Teilstücken, die grösstenteils mit Drahtseil gesichert sind; trockenes Wetter ist Bedingung.

■ **Wanderkarte:** Landeskarte Klöntal 1:25 000; Glarnerland/Walensee 1:50 000 oder 1:60 000

■ **Gaststätten:** nächste Gaststätten auf Schwammhöchi und in Rhodannenberg

Ein Glarner wäre kein echter Glarner, hätte er nicht wenigstens einmal in seinem Leben den Vorder-glärnisch bestiegen. Inzwischen gilt dies auch für nicht wenige Glarnerinnen. Der 2327 Meter hohe Berg thront hoch über dem Tal und scheint alles unter Kontrolle zu haben. Obwohl eine gewisse Vorsicht angebracht ist, bedeutet die Gipfelbesteigung ein nachhaltiges Bergerlebnis.

Trockenes Wetter ist Bedingung für die Bergbesteigung. Je früher wir am Morgen starten, desto länger begleitet uns Schatten bei unserem Aufstieg. Von Vorteil ist es, mit dem Auto über Glarus bis **Hinter Saggberg**, und weiter bis zum **Parkplatz** hinter den Alpgebäuden am Fuss des Vorderglärnisch zu fahren. Hier beginnt der Bergweg, auf dem wir uns bald am Anblick der seltenen Feuerlilien und des Türkenbundes erfreuen können. Nach einer Schotterhalde gelangen wir auf steilem Pfad durch das **Stäfeli** (mit Drahtseil gesichert) zum **Gleiter**.

Vielleicht treffen wir hier auf 1474 Meter über Meer eine Schafherde an; im frühen Sommer aber

**Dem Vrenelisgärtli greifbar nahe: Rast auf dem Vorderglärnisch.**

sicher noch grössere Reste von Schneefeldern. Die Kulisse mit Höchtor und Ruchen ist beeindruckend. Während wir höher steigen, leuchtet die grell scheinende Morgensonne jedes Detail in den gegenüberliegenden Gesteinsformationen aus. Die senkrecht abfallenden und zerklüfteten Felswände stellen eine geologisch höchst interessante Gebirgslandschaft dar und begleiten uns bis zum Gipfel hinauf. Nicht nur Stadtmenschen staunen über die gut eine Autostunde von Zürich entfernte, grandiose und hochalpine Bergwelt. Auch Einhei-

mische zieht es immer wieder auf den Vorderglärnisch.

Wir gehen weiter steil aufwärts bis zu einem mit Drahtseil gesicherten Felsband, das nordwärts zu einer Rasenhalde leitet. Rechts schräg bergan steigend erreichen wir ein flaches Kamin und erklimmen durch dieses das obere Terrassenband. Dann folgt wieder ein leichteres Couloir, das auf die **Glärnischplanggen** leitet. Später durchqueren wir auf einem längeren Teilstück etwas mühsam eine Geröllhalde. Schliesslich gelangen wir auf den langgezogenen Nordwestgrat. Nach dem letzten, jedoch sanft ansteigenden Wegstück über die Südflanke sind wir auf dem Gipfel. Die Aussicht vom **Vorder Glärnisch** ist überwältigend. Im Osten erblicken wir den Mürtschenstock und den weit entfernten Säntis. Eindrücklich sind auch die leider jährlich schwindenden Eiskappen unterhalb des Vrenelisgärtlis und die des Guppenfirns. Tief unter uns liegen aneinander gereiht die Ortschaften von Schwanden bis Niederurnen.

Für den Rückweg benötigen wir 2 ½ bis 3 Stunden. Vorsicht ist wegen Auslösens von Steinschlag in den beiden Couloirs geboten. Der Abstieg nach **Hinter Saggberg** scheint nicht enden zu wollen und strapaziert die Beine. Am Ende unserer Bergtour aber bleibt der Stolz, den Vorderglärnisch bezwungen zu haben. ▪

Tief hinunter geht der Blick vom Vorder Glärnisch zum langezogenen Klöntalersee.

## Glarus – Ennenda – Uschenriet – Ennetbühls – Glarus

**Die Rundwanderung im Naherholungsgebiet von Glarus und Ennenda ist abwechslungsreich. Sie führt der Linth entlang, hinauf zur Waldwirtschaft Uschenriet und über den mit Lesesteinmauern gesäumten, alten Landesfussweg.**

▬ **Ausgangspunkt:** Bahnhof Glarus

▬ **Erreichbarkeit:** SBB bis Glarus; mit PW nach Glarus

▬ **Wanderroute:** Bahnhof Glarus (472 m) - Volksgarten - Linthbrücke nach Ennenda - TridonicAtco - Linth - Pfadiheim - Hüsliguet - Uschenriet (606 m) - Gässlistein - Ennetrösligen (547 m) - Ennetbühls - Glarus

▬ **Wanderzeit:** 1 ½ bis 2 h

▬ **Höhenmeter:** gering

▬ **Anforderungen:** leichte Wanderung auf guten Wegen

▬ **Wanderkarte:** Glarnerland/Walensee 1:50 000 oder 1:60 000

▬ **Gaststätte:** Waldrestaurant Uschenriet

Ennenda und sein sonnenbeschienener Südwesthang sind ein bevorzugtes Naherholungsgebiet der Glarner und Glarnerinnen, besonders im Winter, wenn der Glärnisch bereits früh am Nachmittag seinen Schatten auf den Kantonshauptort wirft.

Vom Bahnhof **Glarus** spazieren wir durch den Volksgarten Richtung **Ennenda** und zweigen nach der **Linthbrücke** beim Bike-Shop rechts ab. Nach der Firma TridonicAtco und den Schrebergärten gelangen wir dem Wanderzeichen folgend zwischen den wenigen Industriebauten hindurch an die Linth. Wir folgen dem Fluss bis zum **Pfadiheim**, wo sich im Wald eine Feuerstelle befindet. Hier fliesst die Linth in ihrem noch natürlichen, mit kleinen Inseln durchsetzten Flussbett. Wir gehen weiter Richtung Mitlödi bis zur Wandertafel beim **Hüsliguet**. Hier zweigen wir scharf links ab und gelangen nach dem Bauernhof ins **Uschenriet**. Die gleichnamige Waldwirtschaft mit Kinderspielplatz ist ein beliebter Anziehungspunkt.

Bei der Kreuzung oberhalb des Restaurants gehen wir nun auf dem Fahrsträsschen links leicht aufwärts. Am Ende der kleinen Ebene werden wir mit der schönen Sicht auf Ennenda und Glarus so wie auf die dominierenden Bergriesen Glärnisch und Wiggis belohnt. Wenig später stehen wir vor dem **Gässlistein**, einem riesigen Urgestein von Felsbrocken. Laut einer Volkssage

Auf dem Landesfussweg zwischen Lesesteinmauern zu wandern ist pures Vergnügen.

sollen früher im Frühling, am ersten Tag des Wiedererscheinens der Abendsonne hinter dem Vorderglärnisch, die Frauen von Ennenda oben auf dem Stein Wolle gesponnen haben. Damit begrüssten und feierten sie das freundliche Frühlingszeichen der Sonne (aus «Der Canton Glarus», 1846).

100 Meter nach dem Gässlistein führt rechts ein Strässchen leicht aufwärts auf den alten, mit Lese-

**Von weitem sichtbar zeigt sich der imposante Gässlistein von Ennenda.**

steinmauern gesäumten Landesfussweg. Der Saumpfad ist einige hundert Meter lang und mit zwei Abstiegen versehen. An dessen Ende liegt **Ennetrösligen**, ein bevorzugtes Erholungsgebiet mit Feuerstellen, bei denen sich an lauen Sommerabenden vor allem Jugendliche ein Stelldichein geben. Richtung **Ennetbühls** wandern wir durch den lockeren Wald, mit steter Sicht auf den Kantonshauptort. Nach dem Ennendaner Dorfteil Ennetbühls benutzen wir bei der Wandertafel den Treppenweg hinunter zur Linth und sind in wenigen Schritten beim Bahnhof **Glarus**.

■

ganzes Jahr          3 Stunden          Glarus/Niederurnen

## Glarus – Netstal – Näfels – Oberurnen – Niederurnen

Die beschauliche und leichte Talwanderung führt auf der ersten Teilstrecke entlang der Linth. Ab Näfels begeben wir uns auf den historischen Fridliweg, der uns an Waldrändern, Wiesen und Bächen entlang bis nach Niederurnen lotst.

> ▦ **Ausgangspunkt:** Bahnhof Glarus
>
> ▦ **Erreichbarkeit:** SBB bis Glarus; mit PW bis Niederurnen und Bahn bis Glarus
>
> ▦ **Wanderroute:** Glarus - Netstal - Mollis/Näfels - Oberurnen - Niederurnen
>
> ▦ **Wanderzeit:** Glarus - Näfels 1½ h, Näfels - Niederurnen 1½ h; total 3 h
>
> ▦ **Höhenmeter:** praktisch keine
>
> ▦ **Anforderungen:** leicht
>
> ▦ **Wanderkarten:** Glarnerland 1:50 000 oder Glarnerland/Walensee 1:60 000
>
> ▦ **Gaststätten:** in jeder Ortschaft

In **Glarus** weisen uns die Wandertafeln beim Bahnhof Richtung Norden der Linth entlang. Nach der Badeanstalt zweigt der Weg rechts über die Brücke zur ehemaligen Walzmühle ab. Nach der folgenden Kalkfabrik überqueren wir erneut die Linth und gelangen auf dem Fahrradweg am Bahnhof **Netstal** vorbei zur Strasse nach Mollis. Wir zweigen rechts ab, überqueren die Linthbrücke und gleich danach links die Strasse. Auf einem gemütlichen Flussuferweg wandern wir

dem Flugplatzgelände entlang nach Mollis. Nach den Fabrikgebäuden und wiederum auf dem Linthdamm gehend erreichen wir die Strasse **Näfels/Mollis**. Wir überqueren die Linth und gelangen zum Bahnhof Näfels/Mollis. Hier folgen wir dem Wanderzeichen, das uns über den

Die Näfelser Fahrt findet jedes Jahr im April statt.

**Im «Quelleli» auf dem Fridliweg zwischen Näfels und Oberurnen.**

Denkmalweg in die Nähe des Denkmales führt, welches an die Schlacht von Näfels (1388) erinnert. Jährlich findet im April die «Näfelserfahrt» statt. Sie erinnert an die glorreiche Schlacht, die dem Lande Glarus die Freiheit von der Habsburger Herrschaft brachte. Es lohnt sich auch, der mächtigen barocken Pfarrkirche einen Besuch abzustatten.

Die Hauptstrasse überquerend gelangen wir am Westrand des Dorfes entlang zum schäumenden Rautibach. Rechts über die **Rautibrugg** gehend finden wir nach wenigen Metern eine «Schweizer Familie»-Feuerstelle mit vielen Bänken und Tischen unter schattenspendenden Bäumen. Danach schliesst sich das beschauliche Teilstück auf der Alten Landstrasse entlang dem Waldrand an. Auf der Ebene erkennen wir den aus dem zweiten Weltkrieg stammenden Tankgraben, welcher als Panzersperre erstellt wurde für den Schutz des «Glarner Réduit». Im **«Quel-**

leli» entspringt dem Niderberg eine grosse, klare Quelle. Das erfrischende Bächlein begleitet uns zum Dorf **Oberurnen** mit der kleinen Bruderklausen-Kapelle. Im Innern der Kirche finden wir eine Tafel mit den 14 Nothelfern sowie Hinweise zu deren Leiden und den Tagen an welchen man sie anrufen kann. Durch den

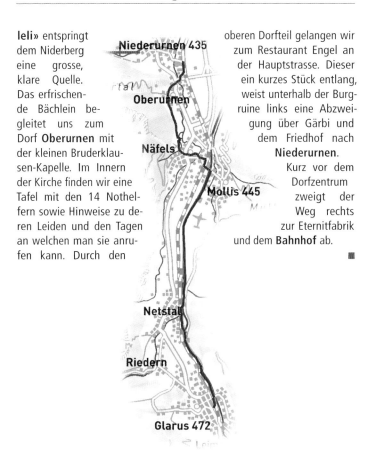

oberen Dorfteil gelangen wir zum Restaurant Engel an der Hauptstrasse. Dieser ein kurzes Stück entlang, weist unterhalb der Burgruine links eine Abzweigung über Gärbi und dem Friedhof nach **Niederurnen**.

Kurz vor dem Dorfzentrum zweigt der Weg rechts zur Eternitfabrik und dem **Bahnhof** ab.

**Schilt**　　　　　　　6 Stunden　　　　　Mai bis Oktober

## Äugsten – Rotärd – Schilt – Spaneggsee – Talsee – Filzbach

**Die recht strenge und lange Bergtour bietet vielfältige Eindrücke: Eine reichhaltige Pflanzenwelt, grossartige Bergsichten und eine magisch anmutende Landschaft am Rand des Mürtschenstocks.**

---

■ **Ausgangspunkt:** Bergstation Äugsten-bahn/Ennenda (1444 m. ü. M)

■ **Erreichbarkeit:** SBB bis Ennenda, Seilbahn nach Äugsten; zurück ab Filzbach mit Bus nach Näfels Bahnhof; mit PW bis Näfels oder Ennenda

■ **Wanderroute:** Äugsten/Ennenda (1444 m) - Alp Beglingen (1770 m) - Rotärd (2216 m) - Punkt 2224 Abkürzung rechts - oder Schilt (2299 m) - Obere Fronalp/Fronalppass (1861 m) - Plattengaden (1665 m) - Spaneggsee (1479 m) - Talsee (1086 m) - Filzbach (706 m)

■ **Wanderzeit:** Äugsten - Rotärd 2 h, Rotärd - Schilt - Fronalppass - Platten 1 ½ h, Platten - Spaneggsee-Talsee 1 ½ h, Talsee - Filzbach 1 h; total 6 h

■ **Höhenmeter:** Aufstieg 780 m (mit Schilt 850 m), Abstieg rund 1600 m

■ **Anforderungen:** langer Auf- und Abstieg, mittlere bis gute Kondition erforderlich

■ **Wanderkarte:** Glarnerland/Walensee 1:50 000 oder 1:60 000

■ **Besonderheiten:** Sicht auf Faltenbau am Mürtschenstock im UNESCO-Weltnaturerbegebiet.

■ **Äugstenbahn:** www.aeugstenbahn.ch, info@aeugstenbahn.ch

■ **Gaststätten:** Äugstenhütte, Tel. 055 640 56 06 (Massenlager); Restaurant Talalpsee, Mobile 079 691 02 21 (Massenlager)

---

Die Seilbahn in **Ennenda** bringt uns sicher und gefahrlos in wenigen Minuten über die fast 1000 Höhenmeter hinauf nach **Äugsten**. Tief unter uns erblicken wir einen grossen Teil des Glarnerlandes. Weiter schweift der Blick zum Wiggis und dem mächtigen Glärnisch bis hin zum Kärpf und dem Tödi. Nach kurzem Aufstieg nähern wir uns der **Äugstenhütte**. Das Bergrestaurant ist in den Sommerferien bis Ende August täglich geöffnet. Wenige Meter vor der Hütte begeben wir uns links auf den Bergpfad Richtung Schilt/Schwarzstöckli. Zwei Stunden recht strengen Aufstiegs stehen uns nun bevor. Nach anfänglich steilerem Wald folgen bezaubernde, artenreiche Blumenwiesen. Deren Heu wird im Juli jeweils zu Heuballen gebunden. Alsdann kollern diese als schwere Last den Hang hinab. Von Äugsten aus sau-

Der tiefgrüne Spaneggsee liegt in der magisch schönen Landschaft
des Mürtschen.

sen die Bündel dann an einem Drahtseil ins Tal hinunter.

Ein erstes Zwischenziel erreichen wir mit der in einer archaischen Landschaft liegenden **Alp Beglingen**. Während des weiteren einstündigen Aufstiegs durch das karge Schilttal können wir vielleicht einige der hier zahlreichen Gämsen und Steinböcke beobachten. In **Rotärd** angekommen, ersparen wir uns den direkten und teilweise weglosen Abstieg zum Spaneggsee und schlagen den Weg Richtung Mollis und Schilt ein. Bei

**Punkt 2224** besteht die Möglichkeit, die Besteigung des Schilt (½ h) auszulassen, und gleich rechts abzuzweigen.

Zum **Schilt** mit dem moränenartigen **Tristli** gehen wir links weiter. Später gelangen wir, am Westhang der Siwellen bergabsteigend, zum **Punkt 2062**, wo sich die beiden Wege wieder treffen. Neben der hier fantastischen Rundsicht entdecken wir durch eine Berglücke auch Amden und seine Berge. Den Markierungen rechts unterhalb des Färistocks entlang wandern wir weiter zum **Fronalppass**, auch Obere Fronalp genannt.

Das Weglein bergab durch die Wiese Richtung Spaneggsee müssen wir etwas suchen und dabei auf die spärlichen Markierungen achten. Bald wird der Pfad besser sichtbar und führt steil zur **Alp Plattengaden** hinab. Merkmale dieser eigenartigen Landschaft sind die glatt geschliffenen Spaltenfelsen der geheimnisvollen **Plattner Charren**. Dieser magisch schöne Ort gehört zum grossartigen Gebiet rund um den Mürtschenstock und zu den schützenswerten Landschaften der Schweiz.

Bald lässt sich durch den Bergwald der tief blaugrüne **Spaneggsee** erspähen. Bei der Alp Hummel finden wir einen Brunnen. Nach dem Queren des Berghanges oberhalb des Sees sind nun über 400 Höhenmeter, teilweise über einen Treppenweg, hinab zur Ebene des Talsees zu bewältigen. Die unterirdischen Zu- und Abflüsse lassen das Wasser des

Bergsees trübe erscheinen. Gleich oberhalb lädt das **Restaurant Talalpsee** zu einer Pause ein. – Für den Schlussabstieg nach Filzbach gehen wir zuerst einige hundert Meter der Teerstrasse entlang und begeben uns bei der Abzweigung rechts auf den Wanderweg. Bergab durch Wald und über Wiesen erreichen wir in einer Stunde **Filzbach**. Eine weitere Möglichkeit ist, auf der Teerstrasse zur Zwischenstation der Sesselbahn (30 Minuten) weiter zu gehen, dort ein Trottinett zu mieten und damit nach Filzbach zu flitzen. ▥

**UNESCO-Weltnaturerbe**
Tektonikarena Sardona

**Mai bis Oktober**           **2 Stunden**           **Ennenda/Äugsten**

## Bergstation – Äugsten – Alt Stafel – Alp Begligen – Holzflue – Bergstation

**Die zweistündige Rundwanderung führt hoch über dem Tal der Linth durch eine beeindruckende Landschaft zur Alp Begligen. Sie vermittelt uns im Äugstenwald aber auch einen Eindruck wie verletzlich unser Ökosystem Wald ist.**

▤ **Ausgangspunkt:** Bergstation der Äugstenbahn

▤ **Erreichbarkeit:** SBB bis Ennenda, mit Seilbahn nach Äugsten; mit PW bis Parkplatz Bhf Ennenda

▤ **Wanderroute:** Bärenboden/Bergstation Seilbahn (1446 m) - Äugsten (1499 m) - Alt Stafel (1584 m) - Alp Begligen (1770 m) - Holzflue (1700 m) - Äugsten

▤ **Wanderzeit:** rund 2 h

▤ **Höhenmeter:** Auf- und Abstieg je rund 340 m

▤ **Anforderungen:** leichte Wanderung mit einstündigem Aufstieg

▤ **Besonderheiten:** Wildschutzgebiet; Wandern im Gebiet UNESCO-Weltnaturerbe

▤ **Wanderkarten:** Glarnerland 1:50 000 oder 1:60 000

▤ **Äugstenbahn:** www.aeugstenbahn.ch, info@aeugstenbahn.ch

▤ **Gaststätten:** Berggasthaus Äugstenhütte, Tel. 055 640 56 06 o. 055 640 45 62, www.aeugstenhuette.ch

Die Fahrt von **Ennenda** hinauf nach Äugsten ist auch mit der neu erstellten Seilbahn noch immer ein kleines Abenteuer. In wenigen Minuten werden in schwindelnder Höhe fast

1000 Höhenmeter überwunden. Die Erschliessung des Gebietes Äugsten-Schilt ist nicht nur für den Tourismus von Bedeutung, sondern auch für die Landschaftspflege durch die Wildheuer und Forstleute. Auf **Bärenboden** liegt die Bergstation der Äugstenbahn. Hier wurde vor wenigen Jahren der einstündige Bärenboden-Rundweg, welcher dem Hang entlang und über das Wildhüeter-Hüttli nach Äugsten führt, neu beschildert.

Zum Holzflue-Rundweg nehmen wir den direkten Weg hinauf zur Äugstenhütte. Dort angelangt weist uns die Richtungstafel das Bord hinauf zum Äugsten-Rundweg. Nach dem **Wildhüeter-Hüttli** und dem folgenden **Alt Stafel** beginnt der eigentliche Holzflue-Rundweg. Über eine blumenreiche Hangwiese und durch losen Wald geht es nun eine gute halbe Stunde hoch. Nach dem obersten Punkt ist bald die **Alp Begligen** sichtbar. Schön eingebettet liegt sie auf einem kleinen Plateau und ist ein wirkliches Bijou. Sie wird eingerahmt von den umliegenden Bergen Schilt, Hächlenstock und Schwarzstöckli. Von der Alp aus führen auch Routen zu den genannten Gipfeln hoch. Beglingen ist ein kleines Paradies am Rande eines Felssturzgebietes und bietet einige versteckte Picknickplätze. Das ganze Gebiet liegt im Eidgenössischen Jagdbanngebiet, in welchem sich Rehe, Gämsen, Rothirsche, Alpensteinböcke, Murmeltiere, Steinadler, Birkhühner, Schneehasen, Alpenschneehühner und Bartgeier aufhalten.

**Mit Glück kann man auf der Alp Beglingen Gämsen am Schilt beobachten.**

Bei der Alphütte befindet sich die Abzweigungstafel zum **Holzflue-Rundweg**.

Er ist zusätzlich noch mit einem roten Pfeil und Bergwanderzeichen am gegenüber liegenden grossen Felsblock gekennzeichnet. Nach dem kleinen Holzhüttchen führt nun das schönste Teilstück des heutigen Tages durch eine wildromantische Landschaft in 20 Minuten zur Holzflue. Auf schmalem und verschlungenem Pfad suchen wir den Weg zwischen Felsbrocken, Heidelbeer-, Alpenrosen- und Wachholderbüschen hindurch und beachten die rotweissen Markierungen. Entlang am Fusse des mächtigen Schilt taucht fast unvermittelt die **Holzflue** auf. Mit den auf ihrem Kamm von Sturm und Regen verwitterten Föhren, mutet sie etwas fremdartig an. Mutige wagen noch den kurzen Aufstieg auf den Grat, um die grossartige Aussicht auf Ennenda und Glarus zu geniessen. Dabei ist jedoch Vorsicht geboten, fallen hier die Felswände fast senkrecht ab. Ein teilweise ausgesetzter und nicht gepflegter Pfad führt auch über den Kamm. Mit Vorteil begibt man sich aber wieder zurück zur Abzweigungstafel, welche uns den Weg nach Äugsten weist. Anfänglich durch gesunden Bergwald erwartet uns im **Äugstenwald** eine grössere Waldfläche mit abgestorbenen Bäumen. Hunderte senkrecht aufragende Baumskelette zeichnen hier den havarierten Wald – realer Anschauungsunterricht, wie sensibel unser Ökosystem auf die Klimaveränderung reagiert. Zum Glück hat sich weiter unten gesunder Jungwald sein Territorium zurückerobert. Wir erreichen erneut das **Wildhüeter-Hüttli** mit seinen Sitzgelegenheiten und in Bälde **Äugsten** und die **Bergstation**. Hier entscheiden wir uns für die Talfahrt mit der Bahn oder den fast zweistündigen, steilen Abstieg nach **Ennenda**.

**Schwanden/Sool**  2 ½ Stunden  April bis November

## Schwanden – Soolsteg – Sool – Uschenriet – Ennenda – Glarus

**Die gemütliche Wanderung ist besonders im Spätherbst attraktiv, wenn in weiten Gebieten Nebel herrscht, im Glarnerland aber die Sonne scheint. Aus dem Schatten der Nordseite des Gandberges spazieren wir über den Sonnenhang von Sool nach Ennenda.**

■ **Ausgangspunkt:** Schwanden

■ **Erreichbarkeit:** SBB bis Schwanden; mit PW bis Glarus

■ **Wanderroute:** Schwanden (521 m) - Herren (Sägerei) - Soolsteg (600 m) - Untersool - Obersool (637 m) - Burgruine Sola - Uschenriet (529 m) - Ennenda - Glarus (472 m)

■ **Wanderzeit:** Schwanden - Sool 1 ¼ h, Sool - Glarus 1 ¼ h; total 2 ½ h

■ **Höhenmeter:** Auf- und Abstieg je 200 m

■ **Anforderungen:** auch bei etwas Schnee gut begehbar

■ **Wanderkarten:** Sernftal 1:25 000; Glarnerland/Walensee 1:50 000 oder 1:60 000

■ **Gaststätten:** Restaurant Adler, Sool, Waldwirtschaft Uschenriet (Ennenda/Mitlödi)

Diese Wanderung ist zu jeder Jahreszeit reizvoll. Sie eignet sich auch besonders für den Spätherbst, wenn die Wandermöglichkeiten bereits eingeschränkt sind. Um die wärmende Kraft der Sonne zu geniessen, beginnen wir sie mit Vorteil um die Mittagszeit. Hinter dem Velounterstand beim Bahnhof **Schwanden** finden wir etwas versteckt die Wandertafeln. Wir zweigen gleich links auf den Suworowweg Richtung Elm ab, überqueren 300 Meter später rechts den Sernf und biegen danach in die Strasse links Richtung Mettmen ein. Beim Holzlager der Sägerei in den **Herren** wiederum links abzweigend, steigen wir nun gut 100 Höhenmeter recht steil bergan.

Nach dem kleinen Naturschutzgebiet unterqueren wir eine Druckwasserleitung und sind schon bald auf der Anhöhe. Tief unten rauscht der wilde Sernf durch das Ende des Kleintals. Nach 10 Minuten überqueren wir beim **Soolsteg** die Brücke und steigen rechts über den steilen, unmarkierten Pfad direkt zur Kantonsstrasse hinauf. Auf der gegenüberliegenden Strassenseite weist uns ein Strässchen nach Sool. Nun sind wir dem Schatten der Nordseite entronnen. Die längst verdienten Sonnenstrahlen wärmen und begleiten uns bis Ennenda. Vor uns wölbt sich die Glärnischkette

**Sool, hier mit Obersool, hat seine Eigenständigkeit bewahrt.**

mit dem alles überragenden Vrenelisgärtli.

Gemächlich führt der Höhenweg nach **Untersool**. Das etwas höher gelegene **Obersool** besticht mit seinen eng aneinander gedrängten Häusern und dem dorfeigenen Schulhaus. Gemütlich Richtung Ennenda schreitend, geniessen wir die vielfältige Berg- und Talsicht. Bald erkennen wir links einen kleinen Hügel. Auf dessen waldiger Kuppe versteckt sich die **Burgruine Sola** (13. Jahrhundert). Obwohl nur noch Restmauern bestehen, lohnt sich

ein Abstecher, vor allem für Kinder. Das Strässchen leitet nun bergauf zum höchsten Punkt der Wanderung und nachfolgend abwärts durch die einst vom Viviansturm arg zerstörte Waldlandschaft. Inzwischen hat sich hier ein vielfältiger Mischwald breitgemacht. Gleichzeitig erfreut uns die Sicht auf den Kantonshauptort Glarus und die Linth, welche mäandrierend durch das Tal fliesst. Nach einem guten Kilometer zweigen wir bei der Wandertafel rechts nach Ennenda ab. Bald darauf folgt ein steilerer

Einkehr im Restaurant Uschenriet oder rechts für den direkten Weg dem Berghang entlang nach **Ennenda** entscheiden. Das heimelige Dorf mit SBB- und Bushaltestelle erreichen wir in einer halben Stunde, **Glarus** in einer weiteren Viertelstunde. ◼

Waldpfad und mündet nach dem romantischen Holzbrücklein über den Milchbach in eine Waldstrasse. Hier können wir uns links für eine

**Zum Glarner Dorfbild gehört, wie hier in Ennenda, ein stattlicher Steinbrunnen.**

April bis Dezember         2 ¾ Stunden         Glarus

## Nidfurn – Thon – Enneteggen – Schwändi – Lassigen – Glarus

In leicht erhöhter Lage über dem Talboden spazieren wir über ein Teilstück des historischen Landesfussweges. Die Landschaft vermittelt einen kleinen Eindruck des typischen Glarnerlandes und ist besonders reizvoll im erwachenden Frühling.

■ **Ausgangspunkt:** Bahnhof Nidfurn

■ **Erreichbarkeit:** SBB bis Nidfurn; mit PW bis Glarus

■ **Wanderroute:** Nidfurn (540 m) - Matten - Thon (591 m) - Enneteggen (738 m) - Schwändi (701 m) - Lassigen - Schönau (649 m) - Leimen - Glarus (472 m)

■ **Wanderzeit:** Nidfurn - Thon - Schwändi 1 ¼ h, Schwändi - Lassigen - Glarus 1 ½ h; total 2 ¾ h

■ **Höhenmeter:** Aufstieg 200 m, Abstieg 260 m

■ **Anforderungen:** leicht und erholsam

■ **Wanderkarten:** Glarnerland/Walensee 1:50 000 oder 1:60 000

■ **Gaststätten:** Restaurant Bahnhöfli, Nidfurn; Restaurant Raben, Thon; Restaurant Eintracht und Restaurant Krone, Schwändi; Restaurant Rütihof, Glarus

Beim Bahnhof **Nidfurn**, mit dem lauschigen Restaurant Bahnhöfli, zeigt die Wandertafel nach Thon (½ h). Über den Bahnübergang gehen wir zur Hauptstrasse und zweigen dort links hinauf zum Restaurant Krone. Nach dem Überqueren der Strasse wandern wir alsbald genüsslich über die schöne Hochebene Matten und geniessen die Sicht auf den Schilt, die Gandstöck oder linker Hand auf die Südflanke des Vorderglärnisch.

In Kürze erreichen wir **Thon**. Der Weiler überrascht mit seinen zum Teil sehr alten, gut erhaltenen Glarner Häusern. Dabei passen die am Rand neu erstellten Einfamilienhäuser nicht so recht ins ansonsten harmonische Dorfbild. In der Dorfmitte befindet sich das Restaurant Raben mit seiner kleinen Sonnenterrasse. Gut 50 Meter ab dem Dorfeingang zweigt der Weg links nach Leuggelen hinauf. Auf dem etwas steilen Teersträsschen wandern wir nun in einer halben Stunde hinauf nach Enneteggen. Die heimelige Landschaft ist durch Hecken und Lesesteinmauern in zahlreiche «Güetli» mit Gäden (kleine Ställe) unterteilt. Nicht nur die herumschweifenden Mäusebussarde scheinen sich hier wohl zu fühlen. Rückwärts blickend erkennen wir die herausragende Spitze des Freiberges Kärpf und die prachtvollen

**Leicht abgehoben über dem Tal liegt das sonnige Dörfchen Schwändi.**

Eisflanken des Tödi. Bald nimmt uns der Buchenwald auf und nach der Strassenkreuzung links erreichen wir **Enneteggen** (738 m). Hier führen auch Wanderrouten nach Leuggelen oder dem Oberblegisee.

Nach der Brücke über die Guppenrus wird die Landschaft offener und wir können das näher rückende **Schwändi** in aller Musse betrachten. Beim markanten Schulhaus mit dem Glockentürmchen führt der Wanderweg oberhalb der Turnhalle Richtung Lassigen - Glarus (1 h). Nach dem kleinen Waldstück gelangen wir links auf die Verbindungsstrasse Glarus - Schwändi. Einige hundert Meter unterhalb, in **Lassigen**, lotst nun der Wanderweg mitten durch die Sägerei. Über den Wiesenweg und die Hanslirus kommen wir nach Schönau. Die Strasse links weist zum 10 Minuten entfernten Restaurant Rütihof hinauf. Wir benutzen den Wiesenweg geradeaus in den Wald. Dem romantischen Waldrand entlang bewegen wir uns auf dem historischen Landesfussweg bis ins Leimen. Am gegenüberliegenden Hang sehen wir das Dorf Ennenda mit seinen Steinmauern und verstreuten Ställen. Im Leimen folgen wir links dem Pfad entlang der Hecke nach Glarus. Auf der Quartierstrasse gehen wir geradeaus zur katholischen Kirche und zweigen rechts ins Zentrum und zum Bahnhof ab. ▪

**Sernftal**             **3 Stunden**             **April bis November**

## Mitlödi – Sool – Engi – Schwanden

**Beim beschaulichen Wandern im vorderen Sernftal erleben wir eine teils archaisch anmutende Landschaft. Hoch über dem Sernf schreiten wir auf der Waldstrasse nach Höfli/Engi und kehren auf dem Suworowweg nach Schwanden zurück.**

> ■ **Ausgangspunkt:** Bahnhof Mitlödi
>
> ■ **Erreichbarkeit:** SBB bis Mitlödi, ab Schwanden zurück mit SBB; mit PW bis Mitlödi
>
> ■ **Wanderroute:** Mitlödi (503 m) - Sool (637 m) - Hellbach (840 m) - Höfli/Engi (780 m) - Steinbogenbrücke bei Mettlen - Suworowweg - Soolsteg - Schwanden (521 m)
>
> ■ **Wanderzeit:** Mitlödi - Sool - Höfli/Engi 1 ¾ h; Höfli - Schwanden 1 ¼ h; total 3 h
>
> ■ **Höhenmeter:** Auf- und Abstieg je 400 m
>
> ■ **Anforderungen:** leichte Wanderung auf meist breiten Wegen, geeignet für Kinder
>
> ■ **Wanderkarten:** Sernftal 1:25 000; Glarnerland/Walensee 1:50 000 oder 1:60 000
>
> ■ **Gaststätten:** Restaurant Adler, Sool; Restaurants in Mitlödi und Schwanden

Beim Bahnhof in **Mitlödi** überqueren wir die Linthbrücke, zweigen gleich danach rechts ab und weiter oben links in den steilen Bergweg nach Sool ein. Vorbei an Lesesteinmauern und abfallenden Matten steigen wir zur Anhöhe empor. Nun rechts gehend, erreichen wir auf dem kurzen Panoramaweg – mit Sicht auf das imposante Glärnischmassiv – das schmucke Bergdörfchen Sool.

Beim Dorfbrunnen geht es links zur **Adlergasse** hinab und weiter auf die bergwärts führende, geteerte Bergstrasse. Diese geht nach einem knappen Kilometer in eine gekieste Waldstrasse über. Meist leicht ansteigend, kommen wir zum **Hellbach** und haben dabei den grössten Teil der 400 Höhenmeter Aufstieg bereits überwunden. Der Hellbach entsorgt das Quellgebiet der Fessis-Seen (2200 m). Bei Schneeschmelze oder nach starken Regenfällen stürzt sich hier der Wasserfall ungebärdet in die Tiefe. Im Herbst ist er eher ein Rinnsal und fällt als feiner Wasserschleier zeitlupengleich hinunter. Das Gebiet ähnelt einer nordischen Gebirgslandschaft. In Musse können wir auf dem breiten Strässchen die kleinen Schönheiten am Wegrand betrachten oder unseren Blick in die Ferne schweifen lassen. Der Gandberg gegenüber bietet aber nicht nur Anmutendes. Aus dem

**Uralte Laubbäume prägen die mystische Stimmung des Suworowweges.**

aufstrebendem Jungwald ragen unzählige kahle Baumstämme und erinnern an die Zeit des Vivian-sturmes.

Beim Ferienhaus mit Stall auf der offenen Wiesenfläche zweigen wir nicht links ab, sondern gehen auf dem Strässchen abwärts weiter.

Nach etwa 300 Metern folgt eine markierte Abzweigung (Engi Vorderdorf), die links auf einen schmalen Pfad zeigt. Einer hohlen Gasse gleich führt dieser zum Weiler **Höfli** und über die Kantonsstrasse zur **Bogensteinbrücke**. Diese bringt uns über den **Sernf** zur andern Talseite und zum Suworowweg.

An dieser Stelle stürzten im Winter 1999 gewaltige Lawinen von den Gandstöck nieder, und sie machten auch nicht Halt vor einem Starkstrommasten, der durch die Wucht der Naturgewalt einem Zündholz gleich umkippte. Kurz vor der **«Schweizer Familie»-Feuerstelle Mettlen** informiert uns linker Hand eine Tafel des Kur- und Verkehrsvereins Sernftal über die ansässigen Erdbewohner: «Hier wohnt eine Murmeltierfamilie. Sie schlafen im Winter von anfangs Oktober bis Mitte April. Die Tiere sind 4 bis 8 Kilo schwer und werden 15 bis 18 Jahre alt. Ihre Nahrung sind Gras und Kräuter». Mit etwas Glück können wir im Sommer die putzigen Tiere auf einer der Wiesen bei ihren Spielen beobachten.

Durch die romantisch anmutende Landschaft geht es Richtung Schwanden auf dem Suworowweg weiter, vorbei an riesigen, uralten Ahorn- und weiteren Laubbäumen. Viel Mystik strahlt auch das später folgende Gebiet um Wartstalden aus. Der Weg führt nun etwas steiler hinab zum Sernf. Nach einer kurzen und wilden Teilstrecke entlang der überhängenden und wassertropfenden Felswand führt der Weg vor **Soolsteg** kurz links zum Bergwald hinauf. Nach dem steilen Schlussstück sind wir in 10 Minuten beim Bahnhof **Schwanden**.　∎

**Juni bis Oktober**          **4 bis 5 Stunden**          **Kärpfgebiet**

## Mettmen/Garichti – SAC-Leglerhütte – Ängiseen – Mettmen

**Die Luftseilbahn bringt uns in kurzer Zeit zum Garichtistausee. Durch die waldlose Berglandschaft steigen wir in 2 ½ Stunden zur traumhaft gelegenen Leglerhütte (2273 m) auf. Auf dem Rückweg besuchen wir die faszinierenden Ängiseen.**

▪ **Ausgangspunkt:** Bergstation der Luftseilbahn Kies-Mettmen

▪ **Erreichbarkeit:** SBB bis Schwanden, Bus bis Kies (Sommerfahrplan beachten), mit Seilbahn auf Mettmen; mit PW bis Kies

▪ **Wanderroute:** Mettmen (1610 m) - Garichti Stausee - Ober Stafel (1788 m) - Hübschböden (2108 m) - SAC-Leglerhütte (2273 m) - (und zurück); Ängiseen (2017 m) - Chamm - Ratzmatt (1730 m) - Matzlenfurggel (1913 m) - Mettmen

▪ **Wanderzeit:** Mettmen - Leglerhütte 2 ¼ h, Leglerhütte - Ängiseen - Mettmen 2 ¼ h; total 4 ½ h; einfache Variante: Mettmen - Leglerhütte - Mettmen; total 4 h

▪ **Höhenmeter:** Auf- und Abstieg je 850 m; (ohne Ängiseen je 660 m)

▪ **Anforderungen:** mittlere Tour auf guten Wegen; über Ängiseen Wiederanstieg von 180 m

▪ **Wanderkarten:** Sernftal 1:25 000; Glarnerland/Walensee 1:50 000 oder 1:60 000

▪ **Gaststätten und Unterkünfte:** Berggasthaus Mettmenalp, Tel. 055 644 14 15; SAC-Leglerhütte, Tel. 055 640 81 77; Naturfreundehaus Mettmenalp, Tel. 055 644 14 12

▪ **Luftseilbahn Kies-Mettmen:** Tel. 055 644 20 10, www.mettmen-alp.ch

**Mettmenalp** liegt im Herzen des Wildschutzgebietes des Freiberges Kärpf und ist Ausgangspunkt verschiedener Touren: über das Wildmadfurggeli nach Elm, hinauf zum Berglimattsee oder einen Rundgang um den Garichtistausee. Lohnenswert ist auch ein Besuch des Moorpfades Garichti. Für die Leglerhütte überqueren wir den östlichen Teil der Staumauer. Der Weg führt oberhalb der Hochebene von Matt – mit ihrem mäandrierenden Bach – gemächlich aufwärts, vorbei an einer Eisenplastik des Skulpturenweges (siehe Kästchen).

Bald sind wir bei den Alpgebäuden von **Ober Stafel** und erblicken das Felsentor der **Chärpfbrücke**. Bei niedrigem Wasserstand wäre es zwar möglich das Tor zu durchqueren, wegen Hangabbruchgefahr auf der Südseite des Tores jedoch nicht empfehlenswert. Deshalb sollten sich Erlebnishungrige nur bis zum Podest vor der Brücke begeben. Auch dies ergibt einen abenteuerlichen Eindruck des Naturphänomens.

Gemächlich steigen wir höher zum Quellgebiet des Niderenbaches. Nach der Wandertafel (Richtung Leglerhütte) gelangen wir über den Bergweg zum Bergseelein von **Hübschboden** und weiter zur Sunnenbergfurggel. Hier weitet sich der Blick in die Glarner Berge vom Klausen bis zur imposanten Glärnischgruppe und dem Wiggis. Die Landschaft des letzten Wegabschnittes ist, im wohlgeordneten Chaos, übersät mit grossen und vielfach quadratischen Felsblöcken. Unvermutet zeigt sich nach einer Wegbiegung die am Fusse des Unterchärpfs und an einem kleinen See liegende **SAC-Leglerhütte**.

Der inspirierende Ort scheint schon manche Wandersleute zu künstlerischer Tätigkeit motiviert zu haben. Davon zeugen viele Steinmannli, die der Landschaft ein magisches Gepräge geben. Die Rundsicht ist fantastisch, und es lohnt sich, hier zu verweilen. Einen halbstündigen Abstecher wert ist der Milchspüelersee, der früher vorwiegend vom Kärpfgletscher gespiesen wurde.

Die neue Leglerhütte ist ein Bijou und dementsprechend viel besucht.

Viele Ausflügler kehren wieder auf dem Herweg nach der Mettmenalp (1½ h) zurück. Wir entscheiden uns für den zweistündigen Rückweg über die prächtig gelegenen Ängiseen und die Ratzmatt nach Mettmen. Wie aus dem Nichts tauchen die **Ängiseen** hinter einer Felskette auf. Sie bilden eine kleine, grandiose Seenplatte mit je zwei grösseren und mittleren Bergseen so wie verschiedenen Tümpeln. Anschliessend führt der Bergweg stets leicht abwärts bis oberhalb der Alp **Ratzmatt**. Von hier bis zur Matzlenfurggel werden wir mit 180 Höhenmetern Aufstieg nochmals gefordert. Auf dem Sattel erblicken wir bereits die **Mettmenalp** und steigen zur Stauseemauer hinab.

▪

---

**Die 9 Wegbegleiter
– ein Skulpturenweg**

Auf der Wanderroute von der Mettmenalp übers Wildmad-Furggeli nach Elm wurde von der Künstlerin Tina Hauser ein Skulpturenweg mit neun Eisenplastiken geschaffen. Sie erzählt damit die Geschichte der Hochzeitsgämsen aus dem Freiberg, einem Brauchtum aus dem 17. und 18. Jahrhundert. Eine Sonderbestimmung enthielt damals das Recht auf zwei Gämsen aus dem Freiberg für jedes Glarner Paar, welches sich zwischen dem 25. Juli und dem 11. November vermählte. Der Bestand an Gämsen schwand jedoch so stark, dass der Regierungsrat im Sinne des Artenschutzes diese Sonderbestimmungen 1792 wieder aufhob. (Siehe auch Seite 175)

**Kärpfgebiet/Mettmen**      **3 Stunden**      **Juni bis Oktober**

## Mettmen/Garichti – Ober Stafel – Chärpfbrugg – Chärpf Stäfeli – Matzlen – Mettmen/Garichti

**Die erholsame Rundwanderung im eidgenössischen Jagdbanngebiet auf Mettmenalp eignet sich auch für Kinder. Höhepunkte sind die zahlreichen Bäche, kleinere Seen und Tumpel entlang dem Matzlengrat.**

■ **Ausgangspunkt:** Bergstation der Luftseilbahn Kies-Mettmen

■ **Erreichbarkeit:** SBB bis Schwanden, Bus bis Kies (Sommerfahrplan beachten), mit Seilbahn auf Mettmen; mit PW bis Kies

■ **Wanderroute:** Mettmen (1610 m) - Garichti Stausee - Ober Stafel (1788 m) - Abzweigung (1859 m) - Chärpfstäfeli (1934 m) - Matzlen (1913 m) - Mettmen

■ **Wanderzeit:** Mettmen - Oberstafel 60', Oberstafel - Matzlen 75', Matzlen - Mettmen 45', total 3h

■ **Höhenmeter:** Auf- und Abstieg rund 340 m

■ **Anforderungen:** etwas steiler, aber ungefährlicher Abstieg

■ **Besonderheiten:** Familienfeuerstelle und Picknickplätze; herrliche Bäche und kleine Seen; Moorlehrpfad Garichti

■ **Wanderkarte:** Sernftal 1:25 000; Glarnerland/Walensee 1:50 000 oder 1:60 000

■ **Luftseilbahn Kies-Mettmen:** Tel. 055 644 20 10, www.mettmen-alp.ch

■ **Gaststätten und Unterkünfte:** Berggasthaus Mettmenalp, Tel. 055 644 14 15; Naturfreundehaus Mettmenalp, Tel. 055 644 14 12

Ein kleiner Fussmarsch auf behindertengerecht geteerten Weg bringt uns von der **Mettmenalp** hinauf zum **Stausee Garichti**. Kurz vor der Staumauer zweigt ein Weg links ab zum Naturfreundehaus und zu einem Rundgang auf dem Moorpfad Garichti. Am See vermitteln verschiedene Informationstafeln Wissenswertes über das Wildschutzgebiet. Zahlreiche Feuerstellen und Sitzgelegenheiten sowie ein Tiermemory laden zum Verweilen ein. Richtung Seebödeli führt ein etwas erhöhter, wunderschöner Weg leicht aufwärts am blumenreichen Ufer entlang zum Ende des Stausees. Immer wieder fliessen kleine Bächlein über moosbewachsene Hänge, mit Heidelbeerbüschen und Farn.

In Bälde erreichen wir die schöne Hochebene von **Matt**, wo bei der **Familienfeuerstelle** der kleine Rundweg um den See abzweigt. Die Hochebene bietet mit dem meist ruhig dahin fliessenden Bergbach ein weiteres Highlight. Hier können sich Kinder am Wasser

Das Durchschreiten der Kärpfbrücke ist wegen Abrutschgefahr nicht empfehlenswert.

austoben; ein seltenes und ungefährliches Erlebnis, angesichts der vielen für die Strom-Produktion angezapften Wildbäche. Anschliessend durchwandern wir das Felsband von Nid und erreichen die grosse Alp **Oberstafel**. Im Sommer herrscht hier lebhafter Betrieb, wobei es während der alpfreien Zeit fast andächtig ruhig ist. Rund 200 Meter davor zweigt eine verkürzte Variante ebenfalls nach Matzlen. Wir entscheiden uns jedoch für den sich weiter oben abzweigenden Höhenweg. Die steilen Hänge der Hochebene sind übersät mit Alpenrosenteppichen. Etwas oberhalb von Oberstafel beeindruckt uns die **Kärpfbrücke**, ein natürlicher Felsentunnel von etwa 30 Metern Länge. Zwar lässt sich bei tiefem Wasserstand das Tor durchschreiten. Dies ist wegen Abrutschgefahr jedoch allgemein nicht zu empfehlen. Einfacher ist es, über die Kärpfbrücke zu wandern. Folgend führt der Aufstieg mehrheitlich durch Felssturzgebiet. Vor uns thront der eindrückliche Kärpf (2794 m), an dessen Schattenhängen jeweils bis weit in den Sommer hinein Schnee liegt. In Bälde erreichen wir die zweite Abzweigung, welche rechts nach Matzlen/Mettmen weist. Auf diesem Weg müssen noch knapp 200 Höhenmeter zum

**Herrliche, kleine Seen und Tümpel verzaubern die Landschaft am Rande des Matzlengrates.**

Chärpfstäfeli überwunden werden. Kinder benötigen da vielleicht nochmals einen kleinen Motivationsschub.

Der Abschnitt vom **Chärpfstäfeli** bis nach Matzlen ist der wohl schönste dieser Wanderung. Überraschend taucht ein kleiner See auf, umsäumt von kurzem Seegras, in dessen Wasser sich die umliegenden Berge spiegeln. Unterhalb des Matzlengrates begegnen wir weiteren schönen Tümpeln und kleineren Seelein. In **Matzlen** besteht die Möglichkeit,

den **Matzlenstock** (1953 m) in 20 Minuten zu besteigen. Der Lohn für die kurze Mühe ist eine herrliche Rundsicht. Zurück auf Matzlen, führt ein teils steiler Abstieg über einen mit Erlengebüschen und Farnkraut durchwachsenen Schattenhang nach **Garichti/Mettmenalp** zurück. Dabei geniessen wir nochmals den schönen Blick ins Glarnerland bis hinaus auf die Linthebene. ∎

## Weissenberge – Bärenboden/Fitteren – Mülibachtal – Engi

**Diese etwas strenge Tour lockt mit einem Höhenweg auf 1900 Metern über Meer, mit prächtigen Ausblicken, Heidelbeeren in Hülle und Fülle und mit dem Schlussstück entlang einem der letzten Wildbäche der Schweiz.**

■ **Ausgangspunkt:** Bergstation Seilbahn Matt-Weissenberge

■ **Erreichbarkeit:** SBB bis Schwanden, Bus nach Matt (stündliche Verbindungen), Seilbahn nach Weissenberge; mit PW bis Engi und Bus bis Matt

■ **Wanderroute:** Weissenberge (1266 m) - Ängisboden - Orenberg - Ochsenbühl (1632 m) - Bärenboden / Fitteren (1777 m) - Tafel Punkt 1903 - Heueggli (1926 m) - Schwamm - Schwammhütte - Gams/Mülibachtal (1468 m) - Üblital (1190 m) - Engi (812 m)

■ **Wanderzeit:** Weissenberge - Bärenboden/Fitteren 1 ½ h, Bärenboden - Heueggli 1 h, Heueggli - Gams 1 h, Gams - Engi 1 ½ h; total 5 h

■ **Höhenmeter:** Aufstieg 670 m, Abstieg 1100 m

■ **Anforderungen:** der Sonne ausgesetzt, längerer Abstieg, mittlere bis gute Kondition erforderlich

■ **Wanderkarten:** Sernftal 1:25 000 (empfehlenswert); Glarnerland/Walensee 1:50 000 oder 1:60 000

■ **Luftseilbahn Matt-Weissenberge:** Tel. 055 642 15 46 oder www.weissenberge.ch (Auskunft Abfahrtszeiten), bei schönem Wetter durchgehend oder auf Voranmeldung

■ **Gaststätten:** unterwegs keine

Die erste Bergfahrt der Seilbahn **Matt-Weissenberge** erfolgt gemäss Fahrplan um 07.40 Uhr; bei Voranmeldung auch früher. Es lohnt sich, die Wanderung am frühen Morgen zu starten. So kann ein Teil des Aufstiegs im Schatten erfolgen. Das Kleinod Weissenberge bietet viele und abwechslungsreiche Wandermöglichkeiten, so auch in die beiden Seitentäler Chrauchtal und Mülibachtal. Diese sind Landschaften von nationaler Bedeutung, sie gelten als schützenswert. Trotzdem waren sie schon Zankapfel verschiedener Nutzungsinteressen, Besitzansprüchen, zum Beispiel von Seiten des Tourismus, der Nagra und des Militärs.

Zum Mülibachtal führt der Weg zuerst nach Bärenboden/Fitteren. Landschaftlich reizvoll ist die Strecke über Orenberg. Nach der Seilbahnbergstation **Weissenberge** und der Waldibachbrücke zweigen wir bei der ersten Wandertafel links hinauf Richtung Orenberg ab. Auf der gegenüberliegenden Talseite erkennen wir das Wildschutzasyl

Freiberg Kärpf mit den Gandstöck und vor uns im Westen das Glärnischmassiv. Sollten die Juniwiesen bereits gemäht sein, finden wir die hier wachsenden Alpenblumen meist noch in den oberen Regionen.

Bei der Wandertafel zur «Schweizer Familie»-Feuerstelle gehen wir links vorbei und weiter zur lieblichen Hochebene von **Ängisboden**. Beim kleinen Sumpfgebiet bei Orenberg zweigen wir in den Aufstieg Richtung Stäfeli/Skihaus ein. Der rotweiss markierte steile Bergweg ist nur auf der Wanderkarte Sernftal 1:25 000 eingezeichnet. Nach dem losen Wald mit Heidelbeerbüschen geht es nach einem gemütlicherem Abschnitt auf die Weidefläche von **Ochsenbühl**. Der Weg verläuft zuerst oben am Hang rechts und zweigt danach bei der Wandertafel links Richtung Stäfeli ab. Hier öffnet sich eine überwältigende Sicht auf die kecken Tschingelhoren und das Gebiet hinter Elm. Auf dem Waldsträsschen gelangen wir aufwärts nach **Bärenboden/Fitteren**.

Noch sind es 150 Höhenmeter bis zum Heueggli, dem höchsten Punkt des heutigen Tages. Immer Rich-

**Heueggli: Aussichtspunkt ins Mühlebachtal und Sernftal.**

tung Mülibachtal schlendern wir auf dem Alpsträsschen gemütlich bis zu **Punkt 1903** und queren darauf den Südhang am Sunnehöreli. Der breite Höhenweg lenkt durch eine wundervolle Flora und besticht mit einer prächtigen Aussicht. Die zahlreichen Alpenrosen- und Heidelbeerbüsche sind besonders im Herbst voller Farbenpracht. Tief unten erkennen wir Engi und bei **Heueggli** den Taltrog des Mülibachtales mit seinem anmutig mäandrierenden Wildbach. Die Bergkette mit Gulderstock, Wissmilen, Heu- und Gufelstock umrahmt beschützend das romantische Tal. Gut sichtbar ist auch die Widersteiner Furggel, der Passübergang vom Mülibachtal zu den Murgseen.

Beim nun teils ruppigen Abstieg halten wir uns mit Vorteil an die rotweissen Markierungen. Nach einer Stunde sind wir im **Gams im Mülibachtal**. Wohl zu Recht wird dessen obere Alp Schwammhütte genannt, fliessen doch unzählige Bächlein über das sumpfige Gelände. Nach der Überquerung des Mülibaches kommen wir nun an grösseren Heidelbeerfeldern vorbei. Bald nähern wir uns auf dem sehr steilen Alpsträsschen der urchigen Alp **Üblital** und wiederum dem erfrischenden und wild tosenden Mülibach. Er ist einer der letzten nicht domestizierten Bergbäche. Sein intensiver Lärmpegel begleitet uns auf dem langen Abstieg auf der Alpstrasse und vermag uns fast so etwas wie in Trance zu versetzen. Von **Engi** bringt uns der Bus nach Schwanden zurück. ▦

Mülibach

Heueggli

Engi 770

Fitteren

Ochsenbühl

Sernftal

Weissenberg

Matt 831

**Elm**             **2 Stunden**             **Mai bis Oktober**

## Alp Obererbs – Hängstboden – Ämpächli – Elm

**Die ideale Familienwanderung weist schöne Feuerstellen, sprudelnde Bergbäche und wenig Höhendifferenzen auf. Ein einstündiger Abstieg oder eine Gondelfahrt ins Tal bildet den Abschluss**

■ **Ausgangspunkt:** Elm/Alp Oberbs

■ **Erreichbarkeit:** SBB bis Schwanden, Bus bis Elm/Obererbs; mit PW bis Elm/Sportbahnen (Bushaltestelle)

■ **Wanderroute:** Obererbs (1690 m) - Bischofbach (1591 m) - Nüenhütten (1652 m) - Hängstboden (1620 m) - Ämpächli/Gondelbahn (1480 m) - Elm (1020 m)

■ **Wanderzeit:** 2 h; Abstieg nach Elm zusätzlich 1 h

■ **Höhenmeter:** gering (Abstieg nach Elm 486 m)

■ **Anforderungen:** typische Familienwanderung, zwei «Schweizer Familie»-Feuerstellen

■ **Wanderkarten:** Sernftal 1:25 000; Glarnerland/Walensee 1:50 000 oder 1:60 000

■ **Bus Sernftal AG:** Tel. 055 642 17 17, Fahrten Obererbs nach Bedarf (mit Zuschlag)

■ **Gaststätten:** Restaurant Ämpächli, Skihütte Obererbs und weitere in Elm

■ **Info Sportbahnen:** Tel. 055 642 60 60

■ **Tourist-Information:** Tel. 055 642 52 52

Zuhinterst im Sernftal – von den Einheimischen liebevoll «Chlytal» genannt – liegt Elm. Sein schön restaurierter Dorfkern wurde 1981 mit dem Wakkerpreis geehrt. Elm besteht aber auch aus zahlreichen und weit verstreuten Weilern und Einzelhöfen. Der Ort ist hauptsächlich auf den Wintersport ausgerichtet; er bietet aber auch einige schöne Sommerwanderungen an.

Wir fahren mit dem Bus bis nach **Obererbs**. Die schön gelegene Alp liegt unterhalb des Kärpfs und ist Ausgangspunkt der Höhenwanderung. Die erste Wandertafel befindet sich leicht unterhalb der Skihütte. Alle weiteren zeigen stets Richtung Ämpächli. Nach dem schattenlosen Hang zeigt sich schon die erste von zwei schönen **«Schweizer Familie»-Feuerstellen**. Sie liegt am Weg und im schattenspendenden Wald.

Nach dem kurzem Waldstück traversieren wir mühelos wiederum einen, diesmal langgezogenen Hang und finden dort ein üppiges Pflanzenwachstum vor. An dessen Ende erwartet uns der wild spru-

Alp Obererbs, bewacht vom Hausstock, ist Ausgangspunkt des Höhenweges.

delnde **Bischofbach** und gleich danach die zweite, jedoch sonnen-exponierte «**Schweizer Familie**»-**Feuerstelle**. Im Spätsommer können wir von hier aus vielleicht die Bergheuer in den Felsen unterhalb des Tierbodenhorns beobachten. Besonders spannend wird es dann, wenn die prallgefüllten Heunetze am Stahlseil herabsausen und unten am Prellbock stiebend aufschlagen. Nicht nur Stadtleute, auch Einheimische beobachten dieses Geschehen immer wieder fasziniert.

Durch lockeren Wald steigen wir weiter auf nach **Nüenhütten**. Hier öffnet sich uns ein grandioses Bergpanorama: Gulderstock, Spitzmeilen, Fanenstock, Ruchen, Sardona, Vorab, Hausstock und Kärpf. Das Weltnaturerbe der UNESCO mit der Glarner Hauptüberschiebung zeigt sich hier in voller Grösse. Auf dem angenehmen Alpsträsschen geht es gemütlich leicht abwärts zum **Hängstboden**, wohl einem Höhepunkt unserer kurzen Wanderung. Die grössere Ansammlung von gut erhaltenen Heuhüttchen (Ghaltigen), lädt uns zum beschaulichen Verweilen ein und weckt Erinnerungen an längst vergangene, bäuerliche Zeiten. Um zum Ämpächli zu gelangen bieten sich hier zwei Wegvarianten an. Links führt ein Weg zum Skilift Bischof hinauf, wobei danach ein Hartbelag bis zum Ämpächli führt. Schöner ist der Weg rechts auf der kurzweiligen Strecke durch lockeren Gebirgswald an den Alpgebäuden vorbei zu **Punkt 1478**. Für die Rückkehr benutzen wir hier den Weg links hinauf zur Bergstation **Ämpächli**. Oder wir kehren zu Fuss nach **Elm**/Sportbahnen zurück und gehen dafür auf dem Strässchen weiter. Bei Spycher gelangen wir wieder auf die offizielle Wanderroute ins Tal. ▮

**Ein Blick zurück zeigt den Ausgangsort Alp Obererbs und das Tierbodenhorn.**

**Juni bis Oktober**              **4 bis 4 ½ Stunden**              **Elm/Kärpfgebiet**

## Ämpächli – Ober Ämpächli – Gelb Chöpf – Chüebodensee – Chuenz – Ämpächli

**Der Chüebodensee liegt im ältesten Wildschutzgebiet Europas. Der leichtere Aufstieg führt vorerst über die Alp Ober Ämpächli zu den Gelb Chöpf. Die Wanderung beschert uns sozusagen eine Dauersicht auf ein UNESCO-Weltnaturerbe, die Glarner Hauptüberschiebung.**

▉ **Ausgangspunkt:** Ämpächli/Bergstation Gondelbahn Elm

▉ **Erreichbarkeit:** SBB bis Schwanden, Bus bis Elm/Sportbahnen; mit PW bis Elm/Sportbahnen

▉ **Wanderroute:** Ämpächli (1485 m) - Oberstafel - Ober Ämpächli (1742 m) - Gelb Chöpf (2117 m) - Chüebodensee (2048 m) - Chuenz (1480 m) - Ämpächli

▉ **Wanderzeit:** Ämpächli - Ober Ämpächli - Gelb Chöpf - Chüebodensee 2 ½ h; Chüebodensee - Chüenz - Ämpächli 2 h; total 4 ½ h

▉ **Höhenmeter:** Aufstieg und Abstieg je 640 m

▉ **Anforderungen:** längerer Aufstieg und teils steiler Abstieg

▉ **Besonderheiten:** herrlicher Bergsee, Sicht auf Glarner Hauptüberschiebung

▉ **Wanderkarten:** Sernftal 1:25 000; Glarnerland 1:50 000 oder 1:60 000

▉ **Sportbahnen Elm:** Tel. 055 642 60 60, www.elm.ch

▉ **Tourist-Information:** Tel. 055 642 52 52, www.elm.ch

▉ **Gaststätten:** in Elm und auf Ämpächli

Von **Elm/Sportbahnen** fahren wir mit der Gondelbahn nach **Ämpächli**.

An schönen Wochenenden ist der Ort meist gut frequentiert. Vor allem Familien mit Kindern erfreuen sich an den verschiedenen Spielattraktionen mit Trampolin und Rutschbahn oder beim Versuch Gold zu waschen. Für die Fahrt ins Tal stehen Trottinets zu Verfügung.

Die Wandertafel weist uns links den Weg nach Ober Ämpächli und Chüebodensee. Die Wanderzeit von 3 Stunden ist grosszügig bemessen. Zuerst durch Wald («Schweizer Familie»-Feuerstelle) und weiter auf einer Alpstrasse erreichen wir die Alpgebäude von **Oberstafel**. Schöne Sicht auf den Rest des Alplifirns unterhalb des Hausstocks und weiter links auf den Übergang zum Panixerpass.

Nach einer guten Stunde Fussmarsch erreichen wir die **Alp Ober Ämpächli**, nun in baumloser Zone. Hier endet auch das Strässchen und geht in einen Bergpfad über. Der Aufstieg führt nun durch das Skigebiet von Pleus, über Alpweiden mit Heidelbeerbüschen und teils

**Der Chüebodensee ist ein Kleinod unter den Schweizer Bergseen.**

auch Felssturzgebiet. Im Sommer weidet das Alpvieh bis an den Fuss der Blistöcke. Nach einem letzten, steilen Hang erklimmen wir mit den **Gelb Chöpf** den höchsten Punkt der heutigen Tour. Unterhalb liegt der Chüebodensee, durch das Felsband der Seehoren halbkreisförmig eingebettet. Bei Gelb Chöpf begegnen wir vielleicht auch Wandernden, welche von Garichti oder von der Leglerhütte herkommend, die Wildmad überschritten haben.

10 Minuten dauert der Abstieg zum **Chüebodensee**, einem kleinen Juwel unter den Bergseen der Schweiz. Ganze Schwärme junger

Seeforellen tummeln sich in Ufernähe an der Oberfläche des Wassers. Dieses ist meist kalt und für einen Sprung ins kalte Nass braucht es Mut. Die meisten Wanderer legen an diesem Ort der meditativen Ruhe eine längere Rast ein. – Es ist zu hoffen, dass der herrliche Bergsee in seiner Ursprünglichkeit erhalten bleibt. Ungeachtet der Bestrebungen der Elmer Sportbahnen, das Wasser des Sees für die Strom- und Schneeproduktion zu nutzen. Der anschliessende Abstieg (1½h) gestaltet sich meist steil, abwechselnd mit kleinen, flacheren Zwischenstücken.

Im oberen Teil erkennen wir auf der gegenüber liegenden Talseite das Weltnaturerbe mit der Glarner Hauptüberschiebung und dem Martinsloch bei den Tschingelhoren. Gut sichtbar sind auch Vorab und Piz Segnes. Bei der Richtungstafel wandern wir Richtung Chuenz/Ämpächli. Auf den steilen Alpweiden der **Chüealp** erfreut uns eine vielfältige Bergflora; die Hänge weiter unten sind mit viel Erlengebüsch durchwachsen. Bald nach der Bachüberquerung erblicken wir die schindelbedeckten Heustadel von **Chuenz**. Der kleine, paradiesische Ort lädt zum Verweilen und vielleicht auf ein Versteckspiel mit Kindern ein. Von hier aus besteht die Möglichkeit den «Tierliweg» (viertelstündiger Aufstieg) zu begehen. Er bietet einige Attraktionen wie Feuerstellen, Knopfseilbahn für Kinder und holzgeschnitzte Tiere in Orginalgrösse. Schon etwas müde Wandernde bevorzugen jedoch den direkten Weg durch den Schatten spendenden Wald zur Bergstation **Ämpächli**. ▪

**Sernftal**                    2 ¾ Stunden                    April bis November

## Elm/Steinibach – Unterbach – Elm/Station – Aeschenseeli – Matt – Engi

Die Talwanderung entlang dem Sernf empfiehlt sich vor allem im Vorsommer und im Frühherbst und eignet sich vorzüglich zum erholsamen Auftanken. Verschiedene Picknickplätze laden zum Verweilen ein.

■ **Ausgangspunkt:** Elm/Steinibach

■ **Erreichbarkeit:** SBB bis Schwanden, Bus bis Elm/Steinibach oder Sportbahnen; ab Engi zurück mit Bus nach Schwanden; mit PW bis Engi und mit Bus nach Elm/Steinibach oder Sportbahnen

■ **Wanderroute:** Elm/Steinibach (1110 m) - Stäfeli - Geren - Elmen - Unterbach - Spielplatz - Elm/Station (960 m) - Schwändi - Sulzbach - Matt - Engi/Station (770 m)

■ **Wanderzeit:** Steinibach - Elm/Station 1 ½ h, Elm - Matt 1 ¼ h; total 2 ¾ h

■ **Routenverlängerung:** auf Suworowweg nach Engi - Schwanden 1 ½ h

■ **Höhenmeter:** Aufstieg gering, Abstieg 370 m

■ **Anforderungen:** angenehme Talwanderung, ideal für Kinder

■ **Wanderkarten:** Sernftal 1:25 000; Glarnerland/Walensee 1:50 000 oder 1:60 000

■ **Autobetriebe Sernftal:** Tel. 055 642 17 17

■ **Landesplattenberg Engi:** (Schieferbergwerk), Anmeldung: Tel. 055 642 13 41

■ **Gaststätten:** in Elm, Matt und Engi

■ **Tourist-Information:** Tel. 055 642 52 52

Elm/Steinibach ist Endstation, und dies fast im buchstäblichen Sinn. Denn nur wenige Busse fahren in den verträumten und letzten Weiler im Sernftal. Es empfiehlt sich, vorgängig den Fahrplan zu studieren oder sich bei den Autobetrieben Sernftal zu informieren. Ab Mitte Juni bis Ende Oktober fahren bei Bedarf zusätzliche Kurse bis zur Alp Obererbs mit Ausstiegsmöglichkeit in Steinibach. Ansonsten gehen wir die 1,5 Kilometer ab der Haltestelle Sportbahnen auf der Strasse zu Fuss.

In **Steinibach** fallen die alten, gut erhaltenen Bauernhäuser mit den verstreuten Ställen und Heugäden auf. Es ist ruhig hier, wenn nicht gerade auf dem Panzergelände im entfernten Wichlen militärischer Schiessbetrieb herrscht. Etwas oberhalb der Bushaltestelle Steinibach zweigen wir links zum Sernf hinab. Vor uns ragen die steilen Wände des Vorabmassivs auf, von deren Höhen im Winter die Lawinen zu Tale donnern. Auf dem rot bezeichneten Rundweg treffen wir bald im Stäfeli ein. Wir gehen links nach Geren weiter und erblicken vor uns den Gulderstock (2520 m) und im Hintergrund den unverkennbaren Spitzmeilen. Nach der Naturstrasse windet sich der schmale Pfad dem Bach entlang. Bei der ersten Abzweigung gehen wir geradeaus und weiter durch die nun reichhaltige Ufervegetation und die lauschigen Waldstücke bis **Goppelsteg**.

Später im **Unterbach** zeigt sich weit oberhalb von uns das geheimnisvolle Martinsloch. Jährlich zweimal, jeweils im Frühjahr und im Herbst, wirft die Sonne ihre Strahlen durch das Felsenloch auf den Elmer Kirchturm. Weiter vorne, beim Raminerbach, erfreut der fantasievolle **Spielplatz** mit seiner grossen Feuerstelle wohl alle Kinderherzen. Der Hit unter den Spielgeräten ist die knapp drei Meter hohe Kletterwand. Nun geht es weiter, mitten in das Dorf Elm. Vor dem imposanten **Suworowhaus** beim Volg lenken wir unsere Schritte rechts zum **Bahnhof**. Kurz davor überqueren wir rechts die Brücke und biegen gleich links in den Feldweg ein. Nach wenigen Metern haben wir die Möglichkeit für einen Umweg über das **Äschenseeli**. Der

Das Prunkstück des Spielplatzes beim Raminerbach ist die Kletterwand.

offizielle und wieder zum Strässchen führende Wanderweg ist beim Bauernhaus markiert. Bald darauf passieren wir die beiden Weiler **Schwändi** und **Sulzbach** mit ihren teils noch uralten Glarnerhäusern. Vom rauschenden Bergbach begleitet, schreiten wir talauswärts und erreichen nach einem weiteren Picknickplatz **Matt**.

Nach einigen Metern auf der Hauptstrasse und einem kurzen Stück auf der unteren Dorfstrasse zweigen wir beim Chrauchbach links zum Sernf hinunter. Zu den beiden Bächen gesellt sich hier noch der wilde Berglibach dazu.

Nach der Brücke wandern wir auf der linken Bachseite (Suworowweg) und finden später eine Orientierungstafel über die wechselvolle Geschichte des ehemaligen **Schieferbergwerkes** (siehe unter «Museen»). So wird auch erwähnt, dass der Lohn der Arbeiter vor dem Eingreifen der Glarner Regierung oftmals aus Schnaps und minderen Lebensmitteln bestand.

Beim **Badkopf** gehen wir über die Brücke und weiter rechts dem Sernf entlang. Linkerhand beeindrucken nun die schräg abfallenden, schwarzdunkelgrauen Schieferblöcke mit ihren typischen Spaltenmustern. Zum Bahnhof **Engi** (Autobushaltestelle) ist es nur noch ein Katzensprung. ◼

**Juni bis September**　　　　　　**3 Stunden**　　　　　　　　　　**Elm**

## Elm/Station – Unterbach – Seilbahn – Nideren – Elm

**Entlang dem Tschinglenbach steigen wir in der eindrucksvollen Schlucht bergauf. Dabei nehmen wir an der einen exponierten Stelle die Kinder am besten an der Hand. Ausgangspunkt für Touren ins Weltnaturerbe Tektonikarena Sardona.**

▮ **Ausgangspunkt:** Elm/Station

▮ **Erreichbarkeit:** SBB bis Schwanden, Bus bis Elm/Station; mit PW bis Tschinglen Seilbahn oder Elm/Dorf (Gemeindehausparkplatz)

▮ **Wanderroute:** Elm/Station (969 m) - Unterbach - Seilbahn/Talstation (1039 m) - Lauiboden - Mättlirus - Nideren (1480 m) - Rückkehr auf gleicher Route nach Elm

▮ **Wanderzeit:** Aufstieg 1 ¾ h, Abstieg 1 ¼ h; total 3 h; mit Firstboden (1744 m) zusätzlich 1 ¼ h

▮ **Höhenmeter:** Auf- und Abstieg je 520 m, mit Firstboden zusätzlich je 260 m

▮ **Anforderungen:** steiler Auf- und Abstieg; Vorsicht an exponierter Stelle, Wege am Morgen meist feucht, nicht empfehlenswert bei nassem Wetter

▮ **Wanderkarten:** Sernftal 1:25 000; Glarnerland/Walensee 1:50 000 oder 1:60 000

▮ **Gaststätten:** Niderenalphütte Elm, Öffnungszeiten: Tel. 079 728 36 54

▮ **Tschinglenbahn:** anfangs Juni bis anfangs Oktober; Fahrzeiten Auskunft: Tel. 079 886 13 03, www.tschinglenbahn.ch

▮ **Tourist-Information:** Tel. 055 642 52 52 , www.elm.ch

▮ **Besonderheiten:** Wandern im UNESCO-Weltnaturerbegebiet

Noch nass und dunkel präsentiert sich die Tschinglenschlucht am frühen Morgen. Die ersten Sonnenstrahlen erreichen die zerklüfteten Felseinschnitte erst gegen Mittag. Deshalb empfiehlt es sich, diese Sommertour nicht allzu früh zu starten. – Von der Bushaltestelle **Elm/Station** führt der direkteste Weg über eine asphaltierte Strasse zur Talstation der Tschinglenbahn. Den gut 20-minütigen Umweg über Naturwege wählend, gehen wir Richtung Dorf zum Volg und zweigen links zum Spielplatz ab. Nach der Brücke über den Raminerbach steigen wir am linken Bachufer durch die Wiesen sanft zur **Seilbahnstation** auf.

In abenteuerlicher Weise schwingt sich das kleine Bähnchen über die Tschinglenschlucht. Noch abenteuerlicher ist es aber, über den Bergweg nach oben zu gelangen. Nach der Brücke über den **Raminerbach** schlagen wir den Bergweg nach Nideren / Touristenhütte / Niderenalp ein. Ab **Lauiboden** führt der steile Weg durch

**Die Niderenalp oberhalb der Tschingelschlucht – eine andere Welt.**

urtümlichen Bergwald. Rechts der Schlucht tauchen die eindrücklichen Schieferabbrüche von Achslen auf. Der Tschinglenbach hat sich über Jahrtausende in den Berg eingegraben und dabei eindrückliche Landschaftsformen hinterlassen. Nach einem romantischen Teilstück führt der Pfad über steil abfallende Felsen. Aus 50 Metern Tiefe vernehmen wir das Tosen des wilden Tschinglenbachs. Der Weg ist nass, teilweise exponiert und auf kurzen Stegen überqueren wir kleinere Seitenbäche. Kinder führen

wir hier an der Hand oder an einem Seil und erleben dabei ein perfektes kleines Trekkingerlebnis.

Fast zu schnell sind wir aus der «Gefahrenzone» heraus. Nun folgt ein stufenartiger, teilweise mit Drahtseil gesicherter Bergweg. Wie aus dem Nichts tauchen plötzlich die Tschingelhoren auf, und stolz zeigen sich der Vorab und das Martinsloch in ihrer vollen Grösse. Über die Nebenschlucht **Mättlirus** erreichen wir in Kürze unser Tagesziel, die **Niderenalp**, eine Ansammlung von heimeligen Alphütten

(Ghaltigen). Eine andere Welt! Einzig die zahlreichen Hochspannungsleitungen trüben das Landschaftsbild. Unterhalb der Bergstation der Seilbahn liegt die **Niderenalphütte Tschinglä**. Die Schutzhütte mit 20 Matratzenlagern ist Ausgangspunkt für Bergtouren auf den Segnes, Vorab, Mörder oder zur Martinsmadhütte. In der kleinen Gastwirtschaft bietet die Hüttenwirtin hervorragende Hirschwurst an. Zusammen mit einem Glas Veltliner können wir uns beinahe im Paradies wähnen!

Die zusätzliche Besteigung des **Firstboden** nimmt für Hin- und Rückweg 1¼ Stunden in Anspruch. Von dem Aussichtspunkt besteht auch die Möglichkeit direkt nach Elm abzusteigen. Doch der stotzige Weg ist nicht unbedingt empfehlenswert. Er führt teilweise durch Rutschgebiete und steilen Wald. Für unsere Rückkehr von der **Niderenalp** nach Elm steigen wir wieder durch die Schlucht hinunter oder benutzen die Seilbahn. ▰

**UNESCO-Weltnaturerbe**
**Tektonikarena Sardona**

**Glarner Hinterland**      2 ¼ bis 3 ¼ Stunden      **April bis Oktober**

## Luchsingen/Hätzingen – Schwanderberg – Schwanden

**Durch Wälder und Wiesen wandern wir zu dem imposanten Aussichtsturm auf dem Schwanderberg. Die wenig bekannte Höhenwanderung überrascht mit zahlreichen Einblicken ins Tal und die Berge des Glarnerlandes.**

> ◪ **Ausgangspunkt:**
> Luchsingen/Hätzingen Bahnhof
>
> ◪ **Erreichbarkeit:** SBB nach Luchsingen/Hätzingen; mit PW bis Schwanden
>
> ◪ **Wanderroute:** Luchsingen (567 m) - Hätzingen - Hüttenberg (886 m) - Täli (937 m) - Tannenberg - Aussichtsturm Schwanderberg (1020 m) - Niderental - Schwanden (521 m)
>
> ◪ **Wanderzeit:** Luchsingen - Hüttenberg - Tannenbergg (1 ½ h), Tannenberg - Aussichtsturm (Schwanderberg) - Niderental - Schwanden 1 ¾ h; total 3 ¼ h; Variante über Tannenberg: Tannenberg - Schwanden ¾ h; total 2 ¼ h
>
> ◪ **Höhenmeter:** Auf- und Abstieg je rund 500 m, über Tannenberg je 400 m
>
> ◪ **Anforderungen:** steiler Abstieg nach Schwanden, leicht exponierte Stelle bei Gigen
>
> ◪ **Wanderkarten:** Glarnerland/Walensee 1:50 000 oder 1:60 000
>
> ◪ **Gaststätten:** Restaurant Tannenberg (liegt an der verkürzten Strecke nach Schwanden)

Beim Bahnhof in **Luchsingen/Hätzingen** orientieren wir uns an der Wandertafel. Vorerst gelangen wir nach der Überquerung der Linthbrücke nach **Hätzingen**, wo der Weg links auf die Bergstrasse nach Hüttenberg abzweigt. Nach dem ersten Rank führt links das markierte Wiesensträsschen dem Hang entlang aufwärts und gibt die schöne Sicht auf die Dörfer Hätzingen und Luchsingen frei.

Gemächlich ansteigend wandern wir durch Wald und über blumenreiche Matten. Teils können wir uns wie auf einem historischen Passsträsschen wähnen. Die Überquerung des Bachbettes der **Bodenrus** erweist sich bei starker Schneeschmelze als nasses Unterfangen. Das Strässchen führt weiter durch den Schatten spendenden Wald mit seinen schluchtenartigen Einschnitten. Später mündet es in den Bergweg, der uns zum herrlichen Wasserfall der **Rotrus** führt. Nach einer erneuten brückenlosen Bachüberquerung folgt ein kurzes, etwas exponiertes Wegstück. Es ist mit einem Zaun und einem Seil gesichert.

Wieder auf sanfterem Weg schreiten wir weiter zu den zwei Alpweiden. Zuerst erreichen wir **Gigen** und gleich darauf den

**Hüttenberg** mit dem mit roten Fensterläden bestückten Ferienhaus. Eine Sitzmöglichkeit beim Stall erlaubt uns, die prächtige Aussicht über das Glarnerland hinaus bis zum Speer zu betrachten. Eindrücklich präsentieren sich uns gegenüber auch der Ortstock und der Bächistock. – Nach dem **Täli** und einem Hang mit Buchenwald betreten wir kurz vor dem Tannenberg die Bergstrasse. Hier besteht die Möglichkeit auf verkürzter Strecke auf dem offiziellen Höhen- weg nach Schwanden (¾ h) zu gelangen. Dafür zweigen wir links zum sich 500 Meter weiter unten befindenden Restaurant **Tannenberg** ab. Dort führt hinter der Gaststätte ein Pfad durch den Wald, durchquert ein Tobel und schliesst mit einem steilen Wegstück ab.

Zum Aussichtsturm jedoch schreiten wir nun auf der nicht markierten Bergstrasse knappe 100 Höhenmeter rechts hinauf. 200 Meter nach dem Skihaus zweigen wir auf die linke Strasse mit dem Fahr-

Auf dem Schwanderberg thront der imposante Aussichtsturm.

verbotszeichen ein. Unterhalb der **Villa Kunterbunt** – welche mit ihrer eigenwilligen Türmchenarchitektur in der Landschaft auffällt – führt eine Wanderroute rechts über den Berg nach Schwanden. Wir marschieren jedoch auf dem sonnenexponierten Weg geradeaus weiter zum **Schwanderberg** mit dem imposanten Aussichtsturm. Symbolhaft steht er, einem Mahnmal gleich, thronend über dem Tal, wohl um es vor Naturgewalten zu schützen.

Für den Abstieg nach Schwanden (500 Höhenmeter) benutzen wir das linke Strässchen mit der Barriere. Nach einem Kilometer nimmt uns der schattige Wald des engen **Niderentals** auf. Bei der **Blaabrus** (895 m) queren wir die Bergstrasse, die nach Kies führt und zweigen gleich danach rechts zum Bach hinunter. Der Weg wird zunehmend steiler und endet erst kurz vor Schwanden in einem flacheren Schlussstück. ◼

102

**Juni bis Oktober**　　　　　　　4 Stunden　　　　　　　Braunwald

## Braunwald – Gumen – Bösbächialp – Oberblegisee – Braunwald

Nach dem kurzen Höhenweg zum Seblengrat überrascht uns ein eindrückliches Bergpanorama. Danach steigen wir auf ruppigem Weg zur Bösbächialp hinunter und folgen dem romantischen Pfad zum erfrischenden Oberblegisee.

| | |
|---|---|
| ■ **Ausgangspunkt:** Bergstation Sesselbahn Gumen/Braunwald | Rubschen - Bösbächialp - Oberblegisee; total 4 ½ h |
| ■ **Erreichbarkeit:** SBB bis Station Linthal/Braunwald, Standseilbahn nach Braunwald, Sesselbahn auf Gumen; mit PW bis Linthal/Braunwald (P) | ■ **Höhenmeter:** Aufstieg 200 m, Abstieg 800 m (Alternativvariante je 250 m) |
| | ■ **Anforderungen:** Abstieg ins Bächital bei nassem Wetter glitschig |
| ■ **Wanderroute:** Braunwald (1256 m) - Sesselbahn Gumen (1309 m) - Gumen (1901 m) - Seblengrat (1845 m) - Bösbächialp/Mittler Stafel (1383 m) - Oberblegisee (1422 m) - Bösbächialp - Altstafel - Rubschen (1469 m) - Braunwald | ■ **Wanderkarten:** Braunwald 1:25 000; Glarnerland/Walensee 1:50 000 oder 1:60 000 |
| | ■ **Gaststätten:** Restaurant Gumen, Bösbächialp, Bösbächibeiz, Restaurants in Braunwald |
| ■ **Wanderzeit:** Gumen - Seblengrat - Bösbachialp 1 ¼ h, Bösbächialp - Oberblegisee ½ h, Oberblegisee - Rubschen - Braunwald 2 h; total 3 ¾ h; Alternativvariante: Gleicher Hin- und Rückweg über | ■ **Sportbahnen Braunwald:** Tel. 055 653 65 61 |
| | ■ **Braunwald-Tourismus:** Tel. 055 653 65 65, www.braunwald.ch |

In **Braunwald** schreiten wir vom Restaurant Alpenblick in 15 Minuten aufwärts zur Talstation der **Gumen/Sesselbahn**. Diese fährt uns gemütlich auf den kleinen **Gumen** (1901 m). Nahe beim Bergrestaurant betreten wir den Bergweg nach Bösbächialp/Oberblegisee. Auf dem kurzen Höhenweg wandert unser Blick vom Spitzmeilen über den Kärpf bis zum Ortstock. Hoch über uns thront der Vorder

Eggstock. Bei der Richtungstafel Chnügrat zweigen wir rechts ab und erreichen nach der Galerie und dem rund 50 Meter langen Tunnel den **Seblengrat**. Unerwartet erheben sich vor uns das Glärnischmassiv, das Vrenelisgärtli und die Eiskappen des Guppenfirns.

Der einstündige Abstieg nach Bösbächialp führt unterhalb der Bergstation der Sesselbahn (Winterbetrieb) zuerst leicht aufwärts auf den Skiweg. Auf der später folgenden Gratwanderung liegt uns das Bächital zu Füssen. Sanft absteigend führt der Pfad über unberührte Weiden mit Alpenrosen und Heidelbeerstauden. Dazwischen erhaschen wir immer wieder Blicke auf den grünblauen Oberblegisee.

Vorerst gelangen wir zur Alp Oberstafel. Im Alpsommer wird sie während fünf Wochen mit Kühen bestossen. Die anfallende Milch fliesst durch eine Pipeline 200 Höhenmeter in die Käserei des Mittler Stafel (Bösbachialp) hinunter. Der dortige Älpler wird per Telefon über

**Herrlich eingebettet ruht der Oberblegisee unter den Guppenfirnen.**

die ankommende Milch informiert. Nach zehn Minuten fliessendem Wasser erscheint aus der Pipeline ein Schwämmchen und gleich darauf die weisse Kostbarkeit.

Nach der Skiliftstation mündet der Weg bei der **Bösbächialp** in das Alpsträsschen. Rechts weist es nach Braunwald (1½ h) und links zum Oberblegisee (½ h). Auf der Bösbächialp sind starke Männer am Werk. Sie produzieren und verkaufen feinen Alpkäse, Geiss- und Frischkäse und bieten die würzige Alpmilch zum Degustieren an. Ab und zu ist hier auch der wortselige Schafhirt bei einer Verschnaufpause anzutreffen. Ansonsten betreut er hoch oben auf dem First seine 250-köpfige Schafherde.

Leicht oberhalb der Alpgebäude befindet sich die Bösbächialpbeiz. Nun wandern wir während einer halben Stunde auf einem romantischen Weglein. Bald taucht hinter einem Hügelkamm überraschend

der in einer halbrunden Felsarena ruhende **Oberblegisee** auf. Die hier besondere Atmosphäre wird durch das Gebimmel der Kuhglocken untermalt, welches an den senkrecht abfallenden Felswänden widerhallt. Das Schmelzwasser der in der Höhe thronenden Guppenfirne stürzt sich in stiebenden Wasserfällen die Felsen hinunter. Dessen ungeachtet verleitet der kühle Bergsee manche zu einem erfrischenden Bad.

Auf dem selben Weg kehren wir zurück zur **Bösbächialp**. Wir überqueren die Brücke und begeben uns auf den Weg nach Braunwald. Er führt uns über **Fluebode**, Altstafel und Rubschen. Nach offenen Wald-, Wiesen- und Sumpfflächen erreichen wir die Hochebene der **Altstafel**. Hier lockt eine «Schweizer Familie»-Feuerstelle zu einer letzten Tagesrast. Oberhalb **Rubschen** gelangen wir auf das Fahrsträsschen und auf ihm zum Dorf **Braunwald** hinunter.   ▥

**Braunwald**  4 bis 5 Stunden  **Mai bis Oktober**

## Gumen – Bützi – Bärentritt – Brächalp – Grotzenbühl – Braunwald

**Auf dem Hochplateau des Karstgebietes erinnern gewaltige Felsklippen an die geballten Urkräfte der Natur. Mit etwas Glück begegnen wir hier auch dem seltenen Edelweiss. Der spätere Abstieg beim Bärentritt verlangt eine gewisse Schwindelfreiheit.**

---

■ **Ausgangspunkt:** Bergstation Sesselbahn Gumen/Braunwald

■ **Erreichbarkeit:** SBB bis Station Linthal/Braunwald, Standseilbahn nach Braunwald, Sesselbahn auf den Gumen; mit PW bis Linthal/Braunwald (P)

■ **Wanderroute:** Gumen (1901 m) - Bützi (2155 m) - Lauchboden - Bärentritt (2009 m) - Bergetenseeli - Brächalp/Ober Stafel (1602 m) - Eggwald - Grotzenbühl (1561 m) - Braunwald (1256 m)

■ **Wanderzeit:** Gumen - Bützi - Lauchboden 2 h, Lauchboden - Bärentritt - Brächalp 1 h, Brächalp - Grotzenbühl (Seilbahnstation) 1 h; total 4 h; Abstieg nach Braunwald 1 h; (Abstiegsvariante: Brächalp - Braunwald 1 ¼ h)

■ **Höhenmeter:** Aufstieg 350 m, Abstieg 1000 m

■ **Anforderungen:** mittelschwere Tour, beim Bärentritt leicht exponiert, teilweise mit Drahtseil gesichert, nicht empfehlenswert bei Nebel.

■ **Wanderkarten:** Braunwald 1:25 000; Glarnerland/Walensee 1:50 000 oder 1:60 000

■ **Sportbahnen Braunwald:** Tel. 055 653 65 61

■ **Gaststätten:** Bergrestaurant Gumen und Bergrestaurant Grotzenbühl

■ **Braunwald-Tourismus:** Tel. 055 653 65 65, www.braunwald.ch

■ **Autom. Wetterdienst:** Tel. 055 653 65 75

---

Ab Braunwald erreichen wir in gut 15 Minuten die Sesselbahn Gumen und lassen uns von dort auf respektable 1900 Meter über Meer hochbefördern. **Kleiner Gumen** heisst die Bergstation mit dem Bergrestaurant. Hier ist auch der Ausgangspunkt für den Klettersteig auf den Vorder Eggstock. Wir wandern Richtung Erigsmatt und steigen in 1 ¼ Stunden zum Hochplateau hinauf. Vorerst geht es dem Weidehang entlang bis zur Abzweigung zum Ortstockhaus. Hier den Bergweg rechts benützend, müssen wir nun 250 Höhenmeter überwinden. Stolz zeigen sich Kärpf, Huusstock, Tödi und Ortstock von ihrer besten Seite. Hier, am Fuss des Hinter Eggstocks entlang, erfreuen

**Mäandrierend schlängelt sich der Bach über den Lauchboden.**

uns im Herbst unzählige Silber-
disteln, verschmähte Überbleibsel
nomadisierender Alprinder!

Links beeindruckt die Leger-
wand und erinnert mit ihren senkrecht abfallenden Felsklippen an
geballte Urkräfte. Sie umgehend
sehen wir uns auf dem kleinen
Zwischenplateau schon am Ziel.
Doch benötigen wir noch eine Viertelstunde bis auf das Hochplateau.
Bei **Bützi** verlassen wir für kurze
Zeit den Glarner Boden. Wir zweigen links Richtung Lauchboden ab

und befinden uns nun auf Schwyzer
Territorium und am Rande eines riesigen Karstgebietes. Weiter schreitend konzentrieren wir uns auf die
teilweise versteckten Wegmar-
kierungen, um uns nicht unnötig
den Gefahren der tiefen Karren-
schründe auszusetzen.

Unendlich weit und einsam
erscheint die Hochebene mit der
Sicht auf Höch Turm (2666 m), Bös
Fulen (2801 m) bis hin zur Alp
Erigsmatt, dem Übergang ins Klön-
tal. Unser Pfad lotst an den Klüften

und Spalten der Karrenfelsen entlang, auf deren spärlichem Humus
eine wundervolle Alpenflora gedeiht. Im grossräumigen Pflanzen-
schutzgebiet treffen wir im Juli/Au
gust mit etwas Glück auch das
seltene Edelweiss an.

Bald errei-
chen wir
den Lauch-
boden, der
eingebettet in
einer Felsarena
unterhalb des
Ortstocks
liegt. Das kla-
re und ruhig
gleitende Wasser
des mäandrierenden Bergbachs
lädt manch Unentwegte zu einem
erfrischenden Fussbad ein.

Über den **Bärentritt** folgt nun
ein einstündiger und teils ruppiger
Abstieg. Rund 400 Höhenmeter
windet sich der steile Bergweg
durch den schluchtenartigen Ab-
hang hinab. Im unteren Teil gilt es,
eine dem abfallenden Fels entlang

etwas exponierte, mit Drahtseil
gesicherte Stelle zu traversieren.
Für Bergungewohnte eine kleine
Mutprobe. Bald danach wandern
wir erholsam beim **Bergetenseeli**
vorbei zur **Brächalp/Ober Stafel**.

Bei der Abzweigung vor
der Alp verzich-
ten wir
auf den
weiteren
steilen
Abstieg, wel-
cher rechts über
350 Höhenmeter
hinab nach Braun-
wald (1 ¼ h) führt.
Wir gehen weiter durch
die Alpsiedlung und benutzen den
mit einem kleinen Aufstieg verbun-
denen Weg über **Eggwald** zur Seil-
bahn-Bergstation **Grotzenbühl**.
Auf dem Alpsträsschen erreichen
wir diese bequemen Fusses in einer
Stunde. Von hier kehren wir mit der
Gondelbahn oder zu Fuss (1 h) nach
**Braunwald** zurück.

**Juni/Juli bis Oktober**       **5 ¼ Stunden**       **Braunwald**

## Gumen – Ortstockhaus – Bergetenseeli – Tüfels Chilchli – Rietstöckli – Ober Friteren – Nussbüel – Braunwald

**Wir durchwandern das faszinierende Gebiet am Fusse des Ortstocks und begegnen dabei den geheimnisvollen Felstürmen der Tüfels Chilchli. Später erblicken wir vom Gipfel des Rietstöckli aus die Gletscher der Glarner Bergriesen.**

■ **Ausgangspunkt:** Kleiner Gumen (1901 m)

■ **Erreichbarkeit:** SBB bis Linthal/ Braunwald, Standseilbahn nach Braunwald, Sesselbahn auf Kleiner Gumen; mit PW bis Linthal/Braunwald (P)

■ **Wanderroute:** Kleiner Gumen (1900 m) - ob. Weg zum Ortstockhaus (1772 m) - Ober Stafel - Bergetenseeli (1622 m) - Tüfels Chilchli - Rieter Ortstafel - Rietstöckli (1848 m) - Ober Friteren - Nussbüel (1263 m) - Braunwald (1256 m)

■ **Wanderzeit:** Gumen - Ortstockhaus - Bergetenseeli 1 ½ h, Bergetenseeli - Tüfels Chilchli - Rietstöckli 1 ½ h, Rietstöckli - Nussbüel - Braunwald 2 ¼ h; total 5 ¼ h

■ **Höhenmeter:** Aufstieg 300 m, Abstieg 900 m

■ **Anforderungen:** steiler Abstieg vom Rietstöckli, mittlere Kondition vorausgesetzt

■ **Wanderkarten:** Braunwald 1:25 000; Glarnerland/Walensee 1:50 000 oder 1:60 000

■ **Sportbahnen Braunwald:** Tel. 055 653 65 61

■ **Braunwald-Tourismus:** Tel. 055 653 65 65, www.braunwald.ch

■ **Autom. Wetterdienst:** Tel. 055 653 65 75

■ **Gaststätten:** Gumen, Ortstockhaus, Nussbüel und Braunwald

Die senkrecht aus der Landschaft aufragenden, bis 30 Meter hohen Felsblöcke der Tüfels Chilchli befinden sich zwischen dem Bergetenseeli und dem Rietstöckli. Auch heute noch sind sie von einer eigenen Atmosphäre umgeben.

Ab **Braunwald** erreichen wir in 15 Minuten die Gumen-Sesselbahn. Auf dem **Kleinen Gumen** angekommen, benutzen wir zum Ortstockhaus den oberen linken Weg. Er ist reizvoller als der untere Weg und führt durch eine urtümliche Bergsturzlandschaft. Wir wandern dem Weidehanggebiet entlang und gehen bei der ersten Wegkreuzung geradeaus. Einige Minuten später zweigen wir links zum Ortstockhaus ab. Nach der mit Felsbrocken und Gebüschen übersäten Landschaft kommen wir zum architektonisch interessanten, leicht oval gebauten **Ortstockhaus**. Das Haus stammt vom bekannten Architekten Hans Leuzinger, der sich der pragmatisch-modernen Architektur verschrieben und unter anderem auch das Kunsthaus Glarus erstellt

**Die Felstürme des Tüfels Chilchli sollen früher böse Geister vertrieben haben.**

hat. Der Wirt selbst, ein ehemaliger Weltenbummler, hat sich entschieden, ganzjährig – auch bei meterhohen Schneemengen – hier oben zu hausen.

Beim Gasthaus rechts abzweigend Richtung Rietstöckli geht es nun über Wiesen und Wald zur Alp **Ober Stafel**. Danach folgt ein kurzer Aufstieg, und schon befinden wir uns oberhalb des **Bergetenseelis**. Schilfgras hat sich des Sees bemächtigt. Er eignet sich nicht zum Baden. Unterhalb von grossartigen Felsen, mit senkrecht abfallenden Wänden und abge-

schliffenen Gesteinsformationen, müssen wir nun dem Hang entlang 200 Höhenmeter überwinden.

Plötzlich tauchen sie auf: die **Tüfels Chilchli**. Nach Ansicht des Braunwaldner Theologen Gerhard Franz handelt es sich bei ihnen um natürliche Menhire. So nimmt man an, dass es sich um eine alte Kultstätte keltischen oder alemannischen Ursprungs handelt und hier eine Gottheit verehrt wurde. So sollen die überdimensionierten Steinmannli nicht nur den Weg gewiesen, sondern auch böse Geister vertrieben haben.

Bei der späteren Alp **Rieter Ortsta-fel** besteht eine sehr steile Abstiegsmöglichkeit (verkürzte Strecke) nach Braunwald. Wir wählen den Weg rechts zum **Rietstöckli** und erreichen dieses über den Grat in 15 Minuten. Die bezaubernde Rundsicht auf dem Gipfel reicht bis zu den Gletschern des Gemsfairen und des Clariden. Alsbald steigen wir ab und zweigen einige hundert Meter nach den Lawinenverbauungen links steil zum Urnerboden ab. Bei der nicht markierten Weggabelung gehen wir rechts. Links kämen wir auch nach Braunwald, nicht aber ins Nussbüel. Unser Bergweg endet bei der Teerstrasse. Hier gehen wir kurz rechts Richtung Urnerboden

und dürfen dabei die nach etwa 300 Metern links hinter den ersten Tannen leicht verdeckte Abzweigung ins Nussbüel nicht verpassen. Durch Wald und Matten wandern wir zum verdienten Z'vieri (vorzüglicher Gugelhopf) Richtung Restaurant **Nussbüel**. Ab hier erreichen wir **Braunwald** über eine gemütliche Abschlussstrecke in einer Stunde.

■

## Gumen – Zwäärg-Baartli-Weg – Grotzenbühl – Braunwald

**Der Zwäärg-Baartli-Weg eignet sich für Kinder ab vier Jahren. Der liebevoll angelegte Märchenweg befindet sich in einer urwüchsigen Landschaft voller Geheimnisse. Mit kleineren Kindern lohnt sich die Einteilung der Wanderung in zwei Etappen.**

---

■ **Ausgangspunkt:** Bergstation Sesselbahn Gumen/Braunwald

■ **Erreichbarkeit:** SBB nach Linthal/Braunwald, Standseilbahn Braunwald, Sesselbahn Gumen; mit PW bis Linthal

■ **Wanderroute:** Kleiner Gumen (1901 m) - Ober Stafel - Zwergenschloss (1740 m) - Edelsteinspalte - Zwergenhöhle - Rindenhüttli - Grotzenbühl (1561 m) - Tiidishüüsli - Braunwald (1256 m)

■ **Wanderzeit:** je nach Alter der Kinder 3 bis 4 h; Alternative 2 Etappen: Gumen - Grotzenbühl 1¾ h; Grotzenbühl - Braunwald 1¾ h

■ **Höhenmeter:** Aufstieg 50 m, Abstieg 600 m

■ **Anforderungen:** leichte Wanderung, für Kinder ab vier Jahren

■ **Märchenbuch:** «Dr Zwäärg Baartli», Originalmärchen von Lorly Jenny

■ **Literatur:** «Zwerg Bartli und die Melodie des Sommers», Verlag Baeschlin, Glarus

■ **Wanderkarten:** Braunwald 1:25000; Glarnerland/Walensee 1:50000 oder 1:60000

■ **Gaststätten:** Ortstockhaus, Restaurants auf Gumen, im Grotzenbühl und in Braunwald

■ **Sportbahnen Braunwald:** Tel. 055 653 65 61

■ **Autom.Wetterdienst:** Tel. 055 653 65 75

■ **Braunwald-Tourismus:** Tel. 055 653 65 65, www.braunwald.ch

---

In **Braunwald** spazieren wir zur Sesselbahn Gumen (15 Minuten). Während der Sesselbahnfahrt können wir den Märchenweg teils schon aus der Vogelperspektive betrachten. Auf dem **Kleinen Gumen** konzentrieren wir uns auf die braunen Tafeln, die alle zu den Schauplätzen des Zwäärg-Baartli-Weges hinweisen. Bis zum Zwergenschloss sind 20 Minuten angegeben. Bei den Alpställen von **Ober Stafel** erkennen wir hinter uns die imposanten Eggstöcke mit dem Klettersteig und vor uns den Ortstock und den Tödi. Beim letzten Alpgebäude zweigen wir rechts ab Richtung Ortstockhaus und durchqueren nun ein Felssturzgebiet mit chaotisch übereinander geschichteten Karrensteinen. Dazwischen gedeiht eine vielfältige, mit Wacholdergebüschen durchsetzte Flora. Nach zwei grossen Felsblöcken weist überraschend eine Tafel links zum **Zwergenschloss** mit Schlosshügel und einer «Schweizer Familie»-Feuerstelle. Eine schmale, tiefe Felsspalte lenkt ins Schlossinnere. In der grottenähnlichen Höhle finden wir den Thron des Zwergenkönigs. Eine Schatztruhe bietet Platz für Kinderbriefe und Zeichnungen. Ein treppenartiger Pfad führt auf den Schlosshügel mit königlicher Aussicht.

Etwas ungern verlassen wir den Märchenort. Bei der folgenden Abzweigung, welche rechts zum Ortstockhaus führt, gehen wir geradeaus. Nach dem lichten Tannenwald gelangen wir auf ein kurzes Stück Skipistentrasse. Unmittelbar nach der Unterquerung der **Sesselbahn** weist die braune Tafel rechts über die Metalltreppe zur Edelsteinspalte. An der Felswand entdecken wir verschiedene Bergwerksutensilien und wiederum eine Blechschachtel für die Botschaften der Kinder. Nach 50 Metern zweigt der Weg links hinauf.

Das Tiidishüüsli verzaubert Kinder und Erwachsene.

Für die **Zwergenhöhle** steigen wir bei der Wintersesselbahn links über das Pistentrassee steil hinauf. Nach knapp 15 Minuten finden wir eine weitere «Schweizer Familie»-Feuerstelle. Diese idealen Picknickplätze mit Grill befinden sich mit Ausnahme der Edelsteinspalte an allen Schauplätzen. Die fast 20 Meter lange Zwergenhöhle erhält durch zwei Felsenfenster etwas Tageslicht. Gefahrlose Klettertreppen laden zum Erkunden der geheimnisvollen Höhle ein. Auf dem selben Wegstück bergab und wenige Schritte Richtung Grotzenbühl gehend sind wir bald beim **Rindenhüttli**. Im schmucken Holzhäuschen findet sich vieles, was ein Kinderherz begehrt: Ein Tisch mit Bänken, ein Krippenbettli mit Schaffell und ein kleiner Balkon zum Verweilen.

Bei der Seilbahn **Grotzenbühl** können wir die Wanderung auch unterbrechen. Zum Tiidishüüsli (50 Minuten) zweigt der Weg bei der Wandertafel rechts ab. Unter der Sesselbahn gehen wir meist weglos über die Wiese, bis uns die nächste Wandertafel (Punkt 1532 m auf der Wanderkarte) links auf ein schmales Fahrsträsschen weist. Nach etwa 400 Metern beachten wir rechts die braune Tafel zum **Tiidishüüsli**. Nun wandern wir auf dem wildromantischen Weg durch den mit Moos bewachsenen Bäumen und Steinen durchsetzten Wald zu einer Alpweide.

Weiter den Wanderzeichen nachschreitend hören wir bald das Rauschen des Brummbachfalles. Ein Zeichen, dass es nicht mehr weit ist bis zum Tiidishüüsli. Wir entdecken es einige Meter unterhalb der Wandertafel. Der liebliche Ort verzaubert Kinder wie Erwachsene und verführt uns zum längeren Verweilen. Später erreichen wir auf gutem Weg den Tafeln nach in dreiviertel Stunden **Braunwald**. ∎

Juni bis Oktober         3 bis 3 ½ Stunden         Braunwald

## Grotzenbüel – Chnügrat – Gumen – Ortstockhaus – Braunwald

**Auf dieser genussvollen Panoramawanderung ist die Sicht auf die höchsten Glarner Berge einfach phänomenal. Sie ist eine der Prunkstücke der Glarner Wanderwege.**

▥ **Ausgangspunkt:** Grotzenbüel/Braunwald (Endstation der Gondelbahn)

▥ **Erreichbarkeit:** SBB bis Linthal/Braunwald, Standseilbahn nach Braunwald, Gondelbahn nach Grotzenbüel; mit PW bis Linthal

▥ **Wanderroute:** Grotzenbüel (1559 m) - Chnügrat (1880 m) - Seblengrat (1897 m) - Gumen (1901 m) - Punkt 1956 m - Ortstockhaus (1772 m) - Grotzenbüel

▥ **Wanderzeit:** Grotzenbüel - Chnügart - Seblengrat - Gumen (1 ½ h), Gumen - Ortstockhaus - Grotzenbüel (1 ½ h); total 3 h (mit Abstieg Braunwald 3 ¾ h)

▥ **Höhenmeter:** Auf- und Abstieg je rund 400 m

▥ **Anforderungen:** mittlere Kondition

▥ **Besonderheiten:** herrliche Panoramasicht, Picknickplatz beim Chnügrat

▥ **Wanderkarte:** Braunwald 1:25 000, Glarnerland 1:50 000 oder Glarnerland/Walensee 1:60 000

▥ **Braunwald Tourismus:** Tel. 055 653 65 65, www.braunwald.ch

▥ **Sportbahnen Braunwald:** Tel. 055 653 65 61

▥ **Gaststätten:** Grotzenbüel, Ortstockhaus (Übernachtungsmöglichkeiten), Gumen, Braunwald

Nach dem viertelstündigen Fussmarsch zur Station lassen wir uns mit der Gondelbahn zum **Grotzenbüel** hinauffahren und orientieren uns beim Restaurant-Ausgang an den Wandertafeln. Zum Chnügrat folgt nun ein abwechslungsreicher, rund einstündiger Aufstieg. Nach der **Braunwaldalp** gelangen wir vorerst auf einem Strässchen in westlicher Richtung und folgend nach Norden durch den **Ruchwald**. Die bald darauf sichtbaren Lawinenverbauungen und umfangreichen Aufforstungsflächen ziehen sich bis zum **Chnügrat** hinauf. Beim Holzunterstand des Forstbetriebes Rüti wurden auf Tafeln die nach dem schweren Lawinenniedergang vom 20. Januar 1952 erfolgten Chnügratverbauungen und Aufforstungen eindrücklich aufgezeichnet. Bald erreichen wir den höchsten Punkt des Chnügrats und geniessen die herrliche Aussicht über das Grosstal und das

**Zwischen Chnügrat und Seblengrat lässt sich wunderbar picknicken.**

Kärpfgebiet bis hin zum Tödi. Richtung Norden erkennen wir in der Talmulde den meist tiefblauen Oberblegisee und das sich dahinter auftürmende Glärnischmassiv. Richtung Westen imponiert der spitz aufragende Eggstock und weiter links der mächtige Ortstock.

Das Wandern über den Chnügrat ist pures Vergnügen. Nach einer Kuppe in Richtung Seblengrat finden wir auf einem kleinen Höhenplateau eine einladende Feuerstelle mit verschiedenen Sitzbänken. Auf schöner Gratwanderung erreichen wir den **Seblengrat** (Übergang ins Bächital) und geniessen nochmals die grandiose Sicht auf das Glärnischmassiv und die kleinen Gletscher unterhalb des Bächistocks. Danach gehen wir entlang des auslaufenden Eggstockes durch die spannende Erlebnisgalerie und erreichen nach wenigen Minuten das Berggasthaus und die Bergstation der Sesselbahn **Gumen**. An der Panoramatafel lassen sich die Namen der grandiosen Berge der Glarner Alpen bestens studieren. Nun wandern wir auf praktisch gleicher Höhe gut eineinhalb Kilometer weiter Richtung Klöntal.

Beim **Punkt 1956** zweigen wir links ab und gelangen durch teils eindrückliches Felssturzgebiet und reichhaltige Flora zum **Ortstockhaus**.

Vom Gumen aus besteht auch eine weniger anspruchsvolle Variante mit direktem Abstieg via Oberstafel/Zwäärg-Baartli-Weg nach dem **Grotzenbüel**. Im Ortstockhaus genehmigen wir uns vielleicht nochmals eine kleine Stärkung vor dem letzten Teilstück nach dem Grotzenbüel, welches wir in rund ¾ Stunden erreichen. Wer noch über genügend Kondition verfügt, gelangt in einer weiteren knappen Stunde zurück nach **Braunwald**. ▥

**Wanderweg bei Gumen kurzzeitig gesperrt!**

| Linthal | 3 ½ Stunden | April bis November |

## Linthal – Oberdorf – Auengüter – Obbort – Bogglaui – Linthal

**Zuhinterst im Tal der Linth erscheint die Natur nicht nur schroff und abweisend; sie offenbart auch manch verstecktes Idyll. Und kaum anderswo erleben wir die Glarner Bergwelt so eindrücklich wie auf Obbort.**

▬ **Ausgangspunkt:** Linthal Bahnhof

▬ **Erreichbarkeit:** SBB bis Linthal; mit PW bis Linthal/Oberdorf

▬ **Wanderroute:** Linthal Bhf (648 m) - Oberdorf - Stalden (Restaurant Freihof) - Auengüter - Obbort (1049 m) - Ober Reiti - Felix- und Regulaquelle - Reitimatt (789 m) - Bogglaui - Fätschli - EW - Linthal

▬ **Wanderzeit:** Linthal - Obbort 1 ¾ h, Obbort - Linthal 1 ¾ h; total 3 ½ h

▬ **Höhenmeter:** Auf- und Abstieg je 400 m

▬ **Anforderungen:** anfänglich etwas langer Aufstieg auf geteerter Strasse

▬ **Wanderkarten:** Glarnerland/Walensee 1:50 000 oder 1:60 000

▬ **Gaststätten:** Berggasthaus Obbort (Massenlager und Zimmer), Tel. 055 643 30 56, weitere Restaurants in Linthal

Wenn im Frühsommer auf hochalpiner Höhe noch Schnee liegt, hat diese Wanderung einen besonderen Reiz. Über die satten Frühlingswiesen der Auengüter führt sie zuhinterst ins Tal der Linth. Entsprechend der Wandertafel beim Hotel Bahnhof in **Linthal** folgen wir dem rechten Ufer der Linth bis zur Klausenpassstrasse. Hier gehen wir links und weiter stets Richtung Auengüter/Obbort. Auf der asphaltierten Bergstrasse müssen wir nun fast zwei Kilometer überwinden. Beim **Restaurant Freihof** zweigen wir links ab und kurz darauf rechts in den Wiesenweg ein. Gemächlich aufwärts wandernd betrachten wir die imposanten Berge mit Chamerstock, Vorder Selbsanft und Ruchi. Gegenüber ruht der mächtige Ortstock.

Über grossflächige Wiesen gelangen wir weiter hinein in den Taltrog und erleben dabei noch ein Stück echte Glarner Berglandwirtschaft. Alsbald führt der Weg zwischen zwei Häusern durch und zur leicht unterhalb stehenden Wandertafel. Sie weist den Weg dem Zaun entlang hinauf zum Teersträsschen, wo wir unmittelbar rechts abzweigen und nach 50 Metern wieder links gehen. Nach dem Queren der Auenrus wird es beschaulich. Von Vogelgezwitscher begleitet geht es bei **Tschachen** gemächlich aufwärts durch den Schatten spendenden, hellgrünen Buchenwald.

**Eindrücklicher Blick vom Obbort zum majestätisch thronenden Tödi.**

Wir steigen über eine stotzige, im April mit unzähligen Krokussen übersäte Wiese und erreichen nach den Felsbändern **Obbort**.

Der Ort, obwohl nur auf 1049 m liegend, vermittelt ein Gefühl von alpiner Höhe. Kaum anderswo erleben wir die Glarner Berge so eindrücklich. Besonders der Tödi thront majestätisch in der Landschaft und präsentiert stolz seine mächtige Eiskappe. Unmittelbar vor uns ragt der Selbsanft unverrückbar und ruhig in den Himmel. Das abgelegene Berggasthaus Obbort ist ein idealer Ort für Zivilisationsflüchtige, die eine Auszeit suchen. – Der Abstieg vom Gasthaus (240 Höhenmeter) führt anfänglich steil durch den Wald hinab. Bei **Oberreiti** erreichen wir die Autostrasse ins Tierfehd. Zum Hotel Tödi links sind es von hier aus noch gut zehn Minuten. Wir gehen auf der Strasse rechts in nördlicher Richtung und erkennen bald die kleine Gedenktafel der **Felix- und Regulaquelle** an der Felswand. Sie erinnert an die Flucht der beiden Geschwister vor den römischen Legionären. Der Sage nach sollen sie nach der Überquerung des Kistenpasses hier ausgeruht haben, ehe sie nach Glarus und Zürich weiterzogen und dort dann ihres christlichen Glaubens wegen enthauptet wurden.

Wir überqueren die folgende Brücke links und gelangen beim ersten Stall rechts abzweigend zu den Häusern von **Reitimatt**. Die noch junge Linth getraut sich hier gar ein wenig zu mäandrieren. Nach der Bogglaui führt der Weg links hinauf zum Bauernhaus und zu der Aussichts-

**Linthal 662**
Nussbüel
Bogglaui
Obbört

bank, weiter auf dem Kamm geradeaus und wieder zur Linth hinunter. Die Wanderstrecke ist nicht immer optimal markiert. Alsbald wandern wir dem rauschenden Bach entlang zu den Picknickplätzen von Fätschli, an blumenreichen Matten vorbei und durch den kühlenden Bergwald zur **Kraftwerkzentrale**. Nach dem riesigen Ausgleichsbecken gelangen wir zur Klausenpassstrasse und weiter unten links über den kurzen Waldweg zum Bahnhof Linthal.

**Der Spiele- und Erlebnisweg Glarnerland befindet sich in Linthal (siehe S. 176).**

## Linthal/Braunwaldbahn – Diesbach – Luchsingen – Schwanden – Glarus

**Die Wanderung entlang dem Fluss Linth kann in jedem Dorf unterbrochen werden. Besonders reizvoll sind die Teilstücke zwischen Linthal und Luchsingen sowie Mitlödi und Ennenda. Ab Luchsingen ist die Strecke auch im Winter gut begehbar.**

▇ **Ausgangspunkt:** Station Linthal/Braunwaldbahn

▇ **Erreichbarkeit:** SBB bis Linthal; mit PW bis Glarus

▇ **Wanderroute:** Linthal (650 m) - Betschwanden - Luchsingen (572 m) - Nidfurn - Schwanden (521 m) - Mitlödi - Ennenda - Glarus (472 m)

▇ **Wanderzeit:** Linthal - Schwanden 2 h 50', Schwanden - Glarus 1 h 15'; total rund 4 h

▇ **Höhenmeter:** Abstieg zirka 180 m

▇ **Anforderungen:** leichte, ungefährliche, jedoch relativ lange Wanderung

▇ **Besonderheiten:** mit wenigen Unterbrüchen stets der Linth entlang

▇ **Wanderkarte:** Glarnerland/Walensee 1:50 000 oder 1:60 000

▇ **Gaststätten:** in fast allen Dörfern vorhanden

Mit dem Zug fahren wir bis zur Station **Linthal/Braunwaldbahn**. In der Nähe des Billetautomaten befinden sich die Wandertafeln. Wir begeben uns auf den Fridliweg, welcher nach der Unterführung das linke Ufer der Linth begleitet. Der Flussweg ist gesäumt mit Ufergebüsch und einer Reihe von Ahornbäumen. Auch überrascht am Bahnbord die Trockenwiese mit einer grossen Blumenvielfalt. Rückwärts blickend erhaschen wir noch einen Blick auf das Dorf Linthal und einen Teil des Bifertengletschers. Zwischen Frühjahr und bis in den Spätsommer hinein ist die Linth meist ein reissender Fluss mit viel milchig-weissem Gletscherwasser.

Kurz vor Rüti erleben wir eindrücklich, wie in früherer Zeit die Fabriken im Glarnerland die Wasserkraft für die Stromproduktion nutzten. Im begrenzten Masse geschieht dies auch heute noch. Ein Kanal führt direkt in ein älteres Fabrikgebäude hinein. Kurz danach erinnert eine Gedenktafel an den grossen Erdrutsch vom 11. März 1999 im **Bätschen**. Das Gelände wurde von 100 000 m³ Geröll und Gestein verschüttet. Das Land ist inzwischen rekultiviert und Schutzdämme sind erstellt worden. Zum Dorf **Rüti** führt über die Linth eine

Eine schöne Bogensteinbrücke am Wanderweg führt zum Dorf Rüti.

mit zwei Halbbögen ausgestattete, alte Steinbrücke. Dank der Umfahrungsstrasse hat die Wohnqualität im alten Glarnerdorf stark zugenommen. Augenfällig im Glarner Hinterland ist aber überall der Niedergang der Textilindustrie. Davon zeugen – in Rüti, wie auch anderswo – die leer stehenden Fabrikgebäude. Mit der Auslagerung der Produktion ins Ausland ist die Globalisierung im Glarner Hinterland besonders spürbar.

Vor der Abzweigung nach **Betschwanden/Diesbach** besteht die Möglichkeit für eine Rast bei der «Schweizer Familie»-Feuerstelle. In der Nähe befindet sich ein kleiner, vom WWF installierter Naturlehrpfad. Jedes Dorf hat seine eigene Brücke über die Linth. Wir wechseln die Seite und gehen nun der rechten Seite des Flusses entlang. Auf der Höhe von **Diesbach** zieht der stiebende Diesbachfall unsere Blicke auf sich. Schon bald sind wir in **Hätzingen**, wo wir links am Hang die geschichtsträchtigen Holzhäuser von **Adlenbach** erkennen. Sie sind teilweise sehr alt und nach typischer Glarner Holzbauweise erstellt. Wer Zeit und Musse hat, zweigt bei der Fussgängerbrücke links zu der Siedlung hinauf. Nach dem Bahnhof von **Luchsingen** schreiten wir auf geteertem Weg über die Ebene nach **Leuggelbach** und vor dem Bahnübergang links hinauf auf den «Fridliweg». Später gelangen wir wieder an die Linth und folgend zum «Restaurant zum Bahnhof» in **Nidfurn/Haslen**. Die gepflegte Gaststätte schätzen wir umso mehr, da in den kleinen Dörfern Einkehrmöglichkeiten rar sind.

Richtung Schwanden, am öffentlichen «Driving-Range Golfabschlagplatz» vorbei, gelangen wir zum **Steinlehrpfad** der Steinhauerei Knobel AG. Der Steinpfad stellt symbolisch den Kanton Glarus dar. Er beinhaltet grosse Blöcke von wichtigen Glarner Gesteinen, die nach ihrer geografischen Herkunft platziert sind. In den Räumlichkeiten der Knobel AG befindet sich auch ein Ausstellungsraum mit Fossilien und Kristallen. Vor dem

Bahnhof **Schwanden** zweigen wir links auf den Glarner Industrieweg und zur Linth ab und erreichen in

Kürze **Mitlödi**. Nun führt eine erholsame Teilroute dem Fluss entlang, welcher hier noch in einem weitgehend natürlichen Flussbett dahin fliesst.

Nach dem Dorf **Ennenda** gelangen wir in den gepflegten Volksgarten von **Glarus** mit seinem imposanten Springbrunnen. ■

Glarus 472
Mitlödi
Sool
Schwanden
Nidfurn Haslen
Leuggelbach
Luchsingen
Hätzingen
Diesbach
Betschwanden
Rüti
Linthal 662

**Klausen** · 4 Stunden · **Juni bis Oktober**

## Chlus – Gemsfairenhüttli – Fisetenpass – Fisetengrat – Chamerstock – Seilbahnbergstation

**Die Höhenwanderung zum Chamerstock bringt uns in die Nähe von Gletschern und überrascht mit einer eindrücklichen Bergsicht. Erholsam fährt uns die neue Seilbahn zurück ins Hochtal Urnerboden.**

---

■ **Ausgangspunkt:** Postautohaltestelle Chlus/Klausenpass

■ **Erreichbarkeit:** SBB bis Linthal/Bhf, Postauto nach Urnerboden bis Chlus; zurück ab Urnerboden/Post mit Bus nach Linthal; mit PW bis Urnerboden, Postauto bis Chlus

■ **Wanderroute:** Chlus (1697 m) - Chlustrittli (1802 m) - Gemsfairenhüttli (1951 m) - Fisetengrat (2125 m) - Chamerstock (2124 m) - Bergstation Seilbahn (2010 m)

■ **Wanderzeit:** Chlus - Gemsfairenhüttli 1 h, Gemsfairenhüttli - Fisetengrat (Seilbahn) 1 h, Seilbahn - Chamerstock - Seilbahn 2 h; total 4 h

■ **Höhenmeter:** Aufstieg zirka 450 bis 500 m, Abstieg gering

■ **Anforderungen:** angenehme Wanderung auf alpiner Höhe, kann ohne Begehung des Chamerstocks beim Fisetenpass (Seilbahn) beendet werden

■ **Wanderkarten:** Glarnerland/Walensee 1:50 000 oder 1:60 000

■ **Postauto:** Tel. 041 870 21 36 (Reservation erforderlich); Ab Ende September: Unerboden-Sprinter Reservation erforderlich, Tel. 079 609 12 71 (Kursverlängerung bis Passhöhe möglich); siehe auch www.urnerboden.ch

■ **Seilbahn Unerboden/Fisetengrat:** Tel. 079 609 12 71, verkehrt zur vollen Stunde, bei Voranmeldung auch durchgehend; www.urnerboden.ch

■ **Gaststätten:** auf Urnerboden

■ **Verkehrsverein:** Tel. 055 643 21 31

---

Der Urnerboden ist die grösste Alp der Schweiz. Sie ist ganzjährig bewohnt und liegt ausgestreckt inmitten einer eindrücklichen Bergwelt. Die Fahrt mit dem Postauto von Linthal über die Kehren der Klausenpassstrasse hinauf zum Urnerboden bedeutet allein schon ein Erlebnis.

Vom Urnerboden fahren wir auf der Passstrasse weiter bis zur Haltestelle **Chlus**. In diesem mächtigen Fels- und Geröllkessel beginnt unsere Wanderung und leitet uns Richtung Fisetengrat. Gleich zum Anfang überwinden wir zum **Chlustrittli** hinauf das steilste Wegstück unserer Wanderung. Danach leitet ein gemächlich ansteigender Fahrweg zum **Gemsfairenhüttli**. Rechts erkennen wir ein mit grösseren Felsblöcken durch-

Unterhalb der eindrücklichen Felskulisse weitet sich der Gemsfairenboden.

setztes Gebiet, den «Tüfels Fridhof». Auf der schönen Hochebene des Gemsfairenbodens öffnet sich die Sicht auf die gleissenden Schneefelder und Gletscher des Bocktschingels (3079 m) und des Gemsfairenstocks. Noch müssen kleinere Auf- und Abstiege überwunden werden.

Zwei Wanderstunden ab der Chlus erreichen wir den **Fisetenpass**, der etwas oberhalb der Seilbahnbergstation liegt. Hier bestehen Abzweigungen nach der Clariden- und Fridolinshütte (Bergerfahrung von Vorteil), nach Linthal oder auf den Chamerstock.

Wir entschliessen uns für den aussichtsreichen Höhenweg über den **Fisetengrat** zum Chamerstock. Nebst der Pflanzenvielfalt locken beidseitig Ausblicke auf den Urnerboden mit den Jägerstöcken oder auf den Linth-Limmernstausee und den Tödi. Obwohl der **Chamerstock** mit seinen 2129 Metern nicht der höchste Gipfel des Fisetengrats ist, bietet er die grösste Aussicht. Diese reicht auf sämtliche Dörfer des Glarner Hinterlandes und zu fast allen Glarner Berggipfeln.

Auf dem gleichen Weg geht es nun wieder zurück zum **Fiseten-**

**pass**. Von hier können wir in zwei Stunden über die Alp Wängi und auf der Waldstrasse zu

den Postautohaltestellen «Sonne» oder «Urnerboden/Post» gelangen. Bequemerweise bevorzugen wir die **Seilbahn**, welche uns in neun Minuten über eine Höhendifferenz von 640 Metern zum **Urnerboden** hinab trägt. Abschliessend verlassen wir das behagliche Hochtal mit seinen weit verstreuten Heuhüttchen. Die intakte Landschaft lässt Sehnsucht nach einem einfachen und überschaubaren Leben aufkommen. Aber auch die Menschen auf dem Urnerboden sind betroffen vom Wandel der Zeit. Sie kämpfen mit innovativen Ideen gegen die zunehmende Abwanderung ins Unterland. Die Neuerstellung der Seilbahn ist ein Beispiel ihres mutigen Handelns. ∎

Winter    1 ½ bis 2 ¼ Stunden    Kerenzerberg

## Habergschwänd – Talalpsee – Hüttenberge – Obstalden – Filzbach

**Der im Winter schattige Nordhang des Kerenzerbergs überrascht mit sonnigen Landschaftsabschnitten. Wir wandern durch ruhige Landschaften und wärmen uns vor der Schlittenschlussabfahrt in der Bauernwirtschaft Hüttenberge nochmals auf.**

■ **Ausgangspunkt:** Bergstation Sesselbahn Habergschwänd/Filzbach

■ **Erreichbarkeit:** SBB bis Näfels, Bus nach Filzbach/Post (stündliche Verbindungen); mit PW bis Filzbach

■ **Wanderroute:** Habergschwänd (1282 m) - Talalpsee - Scheidweg - Ruestel - Hüttenberge (1018 m) - Schwändeli - Obstalden (723 m) - Walsaweg nach Filzbach (706 m)

■ **Wanderzeit:** ohne Schlitten 2 ¼ h; mit Schlitten 1 ½ h

■ **Höhenmeter:** Aufstieg gering, Abstieg 550 m

■ **Anforderungen:** leichte Winterwanderung auf gewalztem oder gepfadetem Weg; Schlitten mit breiten Kufen vorteilhaft.

■ **Besonderheiten:** auch als Schneeschuhwanderung möglich.

■ **Wanderkarten:** Glarnerland/Walensee 1:50 000 oder 1:60 000

■ **Sportbahnen Filzbach:** Tel. 055 614 16 16, www.kerenzerbergbahnen.ch

■ **Gaststätten:** Bergrestaurant Habergschwänd, Berggasthaus Hüttenberge, weitere Restaurants in Obstalden und Filzbach

Die Sesselbahn bringt uns ins 550 Meter höher gelegene **Habergschwänd**. Je nach Wetter erfreut uns hier die Sicht über das unter uns liegende Nebelmeer. In der nahegelegenen Gaststätte gibts «Schnipo» und andere wärmende Kost.

Mit oder ohne Schlitten machen wir uns auf Richtung Talalp. Dieser Abschnitt gehört zum offiziellen Schlittelweg ins Tal, und wir befinden uns in guter Gesellschaft von entspannten Schlittelfreudigen. Bei der ersten Abzweigung wenden wir uns für einen kleinen Abstecher dem zugefrorenen **Talalpsee** zu. Das sonnenüberflutete Tal liegt eingebettet zwischen Mürtschenstock und Nüenchamm und strahlt eine besondere Stimmung aus. Sonnenhungrige Menschen machen es sich auf Schlitten und an wärmenden Stallwänden bequem. Wenn keine Lawinengefahr besteht, können wir auf dem meist festgetrampelten Pfad einen Spaziergang bis zum Seeende unternehmen.

**Eingebettet zwischen Mürtschenstock und Nüenchamm ruht der zugefrorene Talalpsee.**

Zurück zu den Stallungen der **Talalp** (Scheidweg), verlassen wir nun die Betriebsamkeit der offiziellen Schlittelroute. Unser Weg, auch als Wintersafari bezeichnet, zweigt rechts in den Wald hinauf und auf die ruhige Hochebene bei **Ruestel**. Das Pistenfahrzeug hat den Pfad festgewalzt und rot gestrichene Stangen weisen den Weg. Das Glarnerland zeigt uns hier eine seiner unbekannten Schönheiten. Naturliebende finden da völlige Ruhe und Beschaulichkeit. Das Idyll hinter uns lassend, wagen wir die Schlittenfahrt auf dem etwas holprigen und schattigen Weg zum Weiler Hüttenberge. Die Strecke lässt sich bei guten Schneeverhältnissen auch problemlos hinunterwandern. Uralte Ahornbäume prägen hier die Landschaft am Nordhang des Kerenzerbergs.

Bei der Bergstrasse, **Punkt 981**, können wir die Strasse überqueren und direkt nach Obstalden absteigen. Für eine Einkehr im Restaurant **Hüttenberge** zweigen wir am Hang kurz vor der Strasse rechts ab. Nach zirka 400 Metern finden wir die Wandertafel «Hüttenberge» und etwas weiter unten das gleichnamige Gasthaus. Die Bauern- und Wirtefamilie Achermann bietet ihren Gästen eigenproduzierte Köstlichkeiten wie Gerstensuppe oder selbst gebackene Kuchen an. Später geht es auf die lange Schlittenabfahrt nach Obstalden. Sollte die Strasse für einmal schwarz geräumt sein, benutzen wir die etwas steilere Abfahrt bei der vorerwähnten Abzweigung **Punkt 981**. Hier zweigen auch die Fussgänger/-innen rechts hinunter. Die Strecke entspricht dem Sommerweg auf der Wanderkarte. Sie führt über **Schwändeli**

zu den ersten Häusern oberhalb von **Obstalden**. Bei **Punkt 704** steigen wir von unserem Untersatz und zweigen links die Quartierstrasse hinauf.

Abschliessend erreichen wir auf dem meist mit einem schmalen Fahrzeug kurortmässig präparierten Walsaweg in einer halben Stunde **Filzbach**. ∎

## Filzbach – Neuhüsliberg – Britteren – Beglingen – Mollis – Näfels

**Diese Wanderung eignet sich gut für einen Winternachmittag und wartet mit viel Fernsicht auf. Wir spazieren über gepfadete Strässchen; nur zwischen Neuhüsli- und Britterenberg verläuft der Weg über ein kleines Riet.**

■ **Ausgangspunkt:** Bushaltestelle Filzbach/Post

■ **Erreichbarkeit:** SBB bis Näfels/Bahnhof; mit Bus nach Filzbach (verkehrt stündlich); mit PW bis Näfels

■ **Wanderroute:** Filzbach (706 m) - Neuhüsliberg - Britterenberg (842 m) - Britteren - Wälschbüel - Ober Ruestlen - Beglingen (600 m) - Mollis - Näfels (438 m)

■ **Wanderzeit:** 2 Stunden

■ **Höhenmeter:** Aufstieg 140 m, Abstieg 380 m

■ **Wanderkarten:** Glarnerland/Walensee 1:50 000 oder 1:60 000

■ **Anforderungen:** leichte Wanderung auf meist geteerten, gepflügten Strässchen; nur bei wenig Schnee geeignet

■ **Besonderheiten:** freie Sicht auf die Linthebene und die Glarnerberge

■ **Gaststätten:** in Filzbach, Mollis, Näfels

Der Kerenzerberg gilt im Sommerhalbjahr als das sonnenreichste Gebiet im Glarnerland. Im Winter wechselt die Szenerie und oftmals liegen an den Schattenhängen grössere Schneemengen. Die Wandertafel bei der Bushaltestelle **Filzbach/Post** weist aufwärts nach Britteren-Näfels. Kurz vor der Sessellift-Talstation zweigen wir rechts ab. Damit gelangen wir in einen im Winter oftmals mit Raureif bedeckten Schattenhang. Ruhig liegt die Landschaft im **Ufem Schluchen** da. Sie bildet einen reizvollen Kontrast zum gegenüberliegenden, sonnenbeschienenen Südhang von Amden mit den Bergen Speer, Mattstock und einem Teil der Churfirsten.

Nach dem Wäldchen endet das Strässchen bei **Neuhüsliberg**. Die Wanderung führt nun geradeaus leicht hinab und weiter durch ein kleines Riet. Nicht zu übersehen sind hier die zahlreichen Hochspannungsleitungen. Nach dem mit alten Holzschindeln verkleideten Stall erreichen wir **Britterenberg**. Spätestens hier, auf dem höchsten Punkt der heutigen Wanderung, ist uns die Sonne wieder sicher. Das kleine, reizende Hochtal bietet noch einigen Familien die Grundlage für eine bäuerliche Existenz. – Bei der Wandertafel **Britteren** führt eine Abzweigung rechts durch einen

Abendliche Stimmung nach dem Sonnenuntergang in Ober Ruestlen, oberhalb Begligen/Mollis.

ruppigen Steilhang hinab zum Britterenwald (Walsaweg). Wir wählen jedoch – dies empfiehlt sich vor allem bei winterlichen Verhältnissen – die nicht markierte Wegstrecke auf dem Strässchen geradeaus. So werden wir mit der schönen Aussicht auf die Linthebene belohnt. Bei **Wälschbüel** führt das passähnliche, mit Quadersteinen flankierte Strässchen hinab durch den Buchenwald.

Vor **Ober Ruestlen** queren wir einen längeren, mit kleineren Baumgruppen durchsetzten Riethang. Im Spätherbst verleihen hier die zahlreichen, lilafarbenen Herbstzeitlosen der Landschaft zarte Farbtupfer. Im Dunst des fahlen Winterlichtes sind etwas unscharf die Umrisse des in der Ferne liegenden Glärnischmassivs und des Wiggis zu erkennen. Im Talboden befinden sich die Dörfer Nieder- und Oberurnen am späteren Nachmittag bereits im Schatten.

Bald erblicken wir Beglingen und überqueren mit Vorsicht die

Kerenzerbergstrasse. Danach zweigen wir rechts in den Walsaweg ein. Beglingen strahlt auch im Winter eine leicht südliche Atmosphäre aus. Im Herbst gedeihen hier Trauben, Kiwis und Feigen. Der historische Weg führt oberhalb von Mollis am stattlichen Herrschaftshaus Haltli vorbei.

Heute leben hier Sonderschulkinder im Wocheninternat. Nach weiteren geschichtsträchtigen Häusern in **Mollis** gelangen wir nach dem Landgasthof Löwen in gut 10 Minuten zum Bahnhof **Näfels**. ■

**Vorder Glärnisch: Der Winter hat das Glarnerland fest im Griff.**

Dezember bis März            2 ¼ Stunden            Mullern/Fronalp (Mollis)

## Parkplatz/Skilift Schilt – Berggasthaus Fronalpstock – Naturfreundehaus – Mittler Stafel Fronalp

**Am Rande des Skigebietes finden wir den beschaulichen Winterwanderweg, welcher sich auch für Schneeschuhläufer eignet. Der Weg wird jeweils nach Schneefällen neu präpariert. Er bietet eine umfassende Panoramaicht in die Glarner Berge bis hinaus in die Linthebene.**

■ **Ausgangspunkt:** Oberer Parkplatz beim unteren Skilift Schilt

■ **Erreichbarkeit:** mit PW bis oberen Parkplatz Chängel; mit Maxi-Taxi bis Fronalpstockhaus

■ **Wanderroute:** Parkplatz (1120 m) - Unter Stafel (1330 m) - Berggasthaus Fronalpstock - Naturfreundehaus in Ober Ruestel (1389 m) - Mittler Stafel Fronalp (1584 m)

■ **Wanderzeit:** Parkplatz - Naturfreundehaus (40'), Naturfreundehaus - Fronalp (35'), Fronalp - Parkplatz (60'); total 2 ¼ h

■ **Höhenmeter:** Auf- und Abstieg je 460 m; ab Fronalpstockhaus je 250 m

■ **Anforderungen:** auch mit Schneeschuhen geeignet; weniger mit Schlitten

■ **Besonderheiten:** Weitsicht in die Glarner Bergwelt

■ **Wanderkarten:** Glarnerland/Walensee 1:50 000 oder 1:60 000

■ **Maxi-Taxi:** fährt ab Bhf Näfels bis Mullern-Alpenrösli und Fronalpstock-Haus. Alle Kurse auf telefonische Bestellung, Tel. 079 693 49 49

■ **Gaststätten:** Berggasthaus Alpenrösli (Mullern); Berggasthaus Fronalpstock (siehe auch S. 198); Naturfreundehaus Fronalp (Fronalp)

Die Fahrt von Mollis auf die Mullerenberge führt über eine schmale Strasse mit unzähligen Kehren. Mit dem PW fährt man bis zum oberen der beiden **Parkplätze** beim Zubringerlift Schilt. Eine Alternative zum eigenen Auto besteht mit dem **Maxi-Taxi**. Dieses fährt jeweils 08.15, 9.15, 10.15 und 12.45 Uhr ab dem Bahnhof in Näfels. Talfahrten werden nach erfolgter Bergfahrt vereinbart. Das Taxi fährt bis zum Berggasthaus Fronalpstock, was die Wanderzeit um Dreiviertelstunden verkürzt. Vom Parkplatz aus gelangen wir auf gut gepfadeter Bergstrasse zur **Alp Unter Stafel** und dem **Berggasthaus Fronalpstock** (Mi/Do geschlossen). Wir überqueren die Piste und erreichen in Bälde das **Naturfreundehaus Fronalp** (Mo/Di geschlossen). Nun zweigen wir links ab auf den planierten Winterwanderweg. Zur Mittler Stafel spazieren wir gemütlichen Schrittes in einer guten halben Stunde. Über mehrere Kehren geht es durch losen Wald und durch

**Der Blick zurück führt zum Naturfreundehaus Fronalp und ins Schwändital.**

eine beschauliche Landschaft aufwärts. Einziger Wermutstropfen: ab und zu kann uns ein «verirrter» Tourenskifahrer vom Schilt entgegenkommen, welcher die Fahrverbotstafel auf der Fronalp ignoriert hat. Dies schmälert aber nicht die phänomenale Aussicht auf Linthebene, Wiggis, Klöntalersee, Glärnisch, Tödi und Kärpf sowie das Glarner Hinterland. Auf der **Mittler Stafel** der **Fronalp** liegen die Alpgebäude oftmals tief geduckt unter einer hohen Schneedecke. Zwar besteht an diesem Ort keine Einkehrmöglichkeit, doch wen es unbedingt nach einem Kaffee gelüstet, geht noch einige Schritte hinauf zur Endstation des Skiliftes. Hier schenkt ihm der Liftwart gerne einen heissen Trunk aus seinem Thermoskrug ein. Zudem ist er meist einem kleinen Schwatz nicht abgeneigt. Der Abstieg auf demselben Weg ist pures Vergnügen und zudem locken zwei Beizen zu einer gemütlichen Einkehr. ∎

Winter | 1 bis 1 ½ Stunden | Weissenberge

## Weissenberge – Ängisboden – Schiben – Weissenberge – Matt

**Auf dem kleinen Rundgang lässt sich in der intakten Landschaft am Sonnenhang der Weissenberge gut abschalten. Für die Rückkehr nach Matt stehen uns ein ruppiger Abstieg, die Seilbahn oder eine spannende Schlittenfahrt zur Verfügung.**

■ **Ausgangspunkt:** Bergstation der Luftseilbahn Matt-Weissenberge

■ **Erreichbarkeit:** SBB bis Schwanden, Bus bis Matt, Seilbahn auf Weissenberge; mit PW bis Matt

■ **Wanderroute:** Seilbahnbergstation Weissenberge (1266 m) - Ängisboden - Familienfeuerstelle - Schiben (1402 m) - Weissenberge - (Matt 847 m)

■ **Wanderzeit:** Rundtour 1 bis 1 ½ h (mit Abstieg nach Matt 2 h)

■ **Höhenmeter:** Auf- und Abstieg je 140 m (Matt zusätzlich 420 m Abstieg)

■ **Anforderungen:** gepfadete Wege, Abstieg nach Matt steil und nicht gepflegt

■ **Wanderkarten:** Sernftal 1:25 000; Glarnerland/Walensee 1:50 000 oder 1:60 000

■ **Luftseilbahn Matt-Weissenberge:** Tel. 055 42 15 46 (Auskunft über Schneeverhältnisse und Schlittenvermietung)

■ **Gaststätten:** Berggasthaus Edelwyss, Gasthaus Weissenberg, Weissenberge

Das Markenzeichen für die nicht mehr ganz unbekannten Weissenberge ist im Winter die abenteuerliche drei Kilometer lange Schlittelbahn nach Matt. Ab der Bushaltestelle in **Matt** erreichen wir die Talstation der Luftseilbahn in gut zwei Minuten. Später, aus der schwebenden Seilbahn betrachtet, erscheinen die immer kleiner werdenden Häuser von Matt wie ein Ausschnitt aus «Swiss miniature».

Die Bergstation **Weissenberge** vermittelt uns unerwartet ein Gefühl des Abgehobenseins und eine grossartige Tiefsicht in das hintere Sernftal bis nach Elm. Nach gut 100 Metern lädt eine Schneerutschbahn mit bereitgestellten Rutschern Kinder zu einem Schneegaudi ein. Wir überqueren die **Bachbrücke** und zweigen bei der Wandertafel links ab, Richtung «Schweizer Familie»-Feuerstelle. Nun muss ein kleiner Aufstieg von 140 Höhenmetern überwunden werden. Hangaufwärts führt der Weg an behaglichen Bauernhäusern vorbei und hält eine schöne Rundsicht auf Foo- und Fanenstock, Tschingelhoren und Blistock, Gandstöck so wie das Glärnischmassiv bereit.

**Behagliche Bauernhäuser zieren den Hang hinauf nach Ängisboden.**

Bei der Abzweigung Familienfeuerstelle und Rundgang Schiben entscheiden wir uns, noch einige Meter zum **Ängisboden** aufzusteigen. Denn hier auf dem schönen Hochplateau liegen verstreut, von der Sonne braungebrannte Ställe. Wohltuend in die Landschaft integriert, bieten sie uns warme Stallwände zum Ausruhen an. Von der wärmenden Sonne verwöhnt, lässt sich hier über Gott und die Welt philosophieren. Wir kehren zur Abzweigung zurück und folgen dem Weg Richtung **«Schweizer Familie»-Feuerstelle**. In der Regel finden wir dort freigeschaufelte Sitzgelegenheiten. Der Wanderweg ist meist gut gepflegt und der Schnee herausgefräst. Nach einem kurzen Wegstück durch Wald und Matten erblicken wir links oberhalb **Schiben** ein typisches und uraltes Glarner-Bauernhaus. Etwas weiter vorne öffnet sich ein schöner Blick über die weitgehendst intakte Streusiedlung **Weissenberge** mit den beiden Gasthäusern Edelwyss

(Kinderspielplatz) und Weissenberg. Das letztere besitzt noch eine niedere, uralte Gaststube mit schräger Decke und Kachelofen.

Hier beginnt auch der Schlittelweg hinab ins Krauchtal und nach Matt. Rechts führt der Weg in 10 Minuten zur Seilbahn. Wir wagen den Abstieg nach Matt (½h) und zweigen nach 200 Metern auf dem Schlittelweg bei der Wandertafel rechts in den Hang hinunter. Im oberen Teil ist der meist gespurte Weg recht ruppig und je nach Schneebeschaffenheit glitschig. Durch den Wald gelangen wir zur abgelegenen, bewohnten Liegenschaft Weid. Bei der folgenden Weggabelung gehen wir rechts und erblicken bald darauf **Matt**.

■

## Elm/Ämpächli – Hängstboden – Munggähüttli – Ämpächli

**Dank der modernen Gondelbahn erreichen wir in kürzester Zeit Ämpächli. Bis Hängstboden ist der Weg gewalzt, und anschliessend führt ein Pfad zum Munggähüttli. Ab Ämpächli kehren wir mit der Bahn, dem Schlitten oder zu Fuss nach Elm zurück.**

■ **Ausgangspunkt:** Ämpächli (Bergstation der Gondelbahn)

■ **Erreichbarkeit:** SBB bis Schwanden, Bus bis Elm/Sportbahnen, Gondelbahn nach Ämpächli; mit PW bis Elm/Sportbahnen

■ **Wanderroute:** Ämpächli (1485 m) - Punkt 1478 - Hängstboden (1620 m) - Rietmatt - Munggähüttli/Ober Ämpächli (1742 m). Retourweg gleiche Strecke

■ **Wanderzeit:** Ämpächli - Munggähüttli 1 ½ h, Munggähüttli - Ämpächli 1 h; total 2 ½ h; (Variante nach Risiboden hin und zurück 2 h); Abstieg nach Elm 1 h

■ **Höhenmeter:** Auf-/Abstieg je 260 m, nach Elm zusätzlich 485 m Abstieg

■ **Anforderungen:** Wanderung auf gewalztem Weg, ab Hängstboden Schneepfad

■ **Wanderkarten:** Sernftal 1:25 000 oder Glarnerland/Walensee 1:50 000 oder 1:60 000

■ **Gaststätten:** Munggähüttli, Bergrestaurant Schabell/Ämpächli

■ **Verkehrsbüro Elm:** Tel. 055 642 60 67

■ **Sportbahnen Elm:** Tel. 055 642 60 60/61 (auch für Schlittenmiete)

Wir geniessen die schnelle Fahrt von **Elm/Station** nach **Ämpächli** in der futuristisch anmutenden Sechserkabine der Gondelbahn. Bei der Bergstation weist eine Tafel links zu den beiden Winterwanderwegen zum Munggä-Hüttli und dem Risiboden. In einer Viertelstunde erreichen wir das lange Stallgebäude bei **Punkt 1478**. Durch lichten Wald führt das von einem Pistenfahrzeug brav gewalzte Strässchen gemächlich höher.

Von weitem erblicken wir **Hängstboden**, etwas vom Schönsten, das im Glarnerland an alter bäuerlicher Kulturbauweise erhalten ist. Die Ansammlung von eng aneinander gebauten «Ghaltige» (Heugaden) weckt nostalgische Gefühle an eine frühere, autarke Lebensweise. Die Siedlung lässt einen aber ebenso die Mühsal des damaligen bäuerlichen Lebens erahnen. Hier etwas zu verweilen ist nicht nur deswegen schon fast ein Muss. Ebenso einzigartig ist das Bergpanorama mit Fanenstock, Foostock, Piz Sardona, Piz Segnes, den markanten Tschingelhoren mit dem Martinsloch, Zwölfihorn,

**Die Heugaden auf Hängstboden wecken nostalgische Gefühle.**

Glarner Vorab und Hausstock, alles Berge, welche mit der Glarner Hauptüberschiebung das UNESCO-Welterbe auszeichnen. Bei Hängstboden können wir uns auch für die Nebenroute nach dem Risiboden (15 Minuten) entscheiden. Die Strecke führt in ein etwas einsameres Gebiet und ist ohne Gaststätte.

Wir entscheiden uns für das Munggähüttli. Vorerst folgt rechts ein steiler Bergweg nach der **Rietmatt** und zu der Talstation des Bischoflifts. Hier ist Vorsicht geboten, denn wir müssen die Skipiste überqueren und weiter oben gleich noch einmal. Vielleicht müssen wir

uns hier in etwas Geduld üben, um einen ungefährlichen Moment für das Überschreiten zu finden. Ein schmaler Pfad führt nun am Berghang entlang. Er ist in der Regel gestampft oder notdürftig ausgeschaufelt und lotst unter dem Pleus-Sessellift durch zum **Munggähüttli**. Auf der Sonnenterrasse mit der herrlichen Aussicht und beim feinen Hüttenkaffee lässt es sich inmitten von gestylten Ski- und Snowboardfahrer/-innen gut verweilen.

Gestärkt geht es auf gleichem Weg zurück nach dem **Ämpächli**. Weiter nach Elm haben wir hier die

**Im Winter schmücken dicke Schneekappen die braungebrannten Häuser von Elm.**

Wahl einer Gondelbahnfahrt, einer Schlittenabfahrt oder eines einstündigen Fussmarsches. Für letzteren benutzen wir ebenfalls den Schlittelweg. Auf dem breiten Weg bestehen genügend Ausweichmöglichkeiten. Wer eisige Stellen scheut, erkundigt sich vorgängig bei den Sportbahnen über den Zustand des Weges. Entlang von hohen Schneemauern, tief verschneiten Matten und hoch über dem Tal gelegenen Bauernhäusern spazieren wir bis zum Kreuzpunkt **Spicher**. Dort verlassen wir den Schlittelweg und zweigen rechts ab. Auf einem Fahrweg erreichen wir **Chappelen** und in weiteren 10 Minuten die Sportbahnen von **Elm**.

**Dorf – Sportbahnen**
Ausgangpunkt Dorf.
Dauer: ½ Stunde

**Rund um Elm**
Ausgangspunkt Dorf.
Dauer: ¼ Stunde

**Äschen**
Ausgangspunkt Elm/Station oder Dorf. Rund um den zugefrorenen Äschensee.
Dauer: ¾ Stunden

**Camperduner Stäfeli**
Ausgangspunkt Elm/Station, Richtung Untertal bis Wisli (kurz vor der Tschinglenbahn). Folgend auf gepfadetem Bergsträsschen weiter bis Höhe 1175.

Anschliessend auf gewalztem Weg (wird nach grösseren Schneefällen möglicherweise erst Tage später präpariert) über Raminer Stäfeli (1242 m) nach Camperduner Stäfeli (1314 m).
Dauer: 2 ½ Stunden

**Auf dem Weg zum Camperduner Stäfeli.**

## Munggä-Hüttä

Ausgangspunkt Bergstation Ämpächli.
Dauer: 2 ½ Stunden (siehe Wandertipp 44)

## Risiboden

Ausgangspunkt Bergstation Ämpächli (1486 m). Auf gleicher Route wie «Munggä Hütta» (siehe Wandertipp 44) bis Hängstboden und 15 Minuten bis Risiboden (1652 m), keine Gaststätte vorhanden.
Dauer: 1 ¾ Stunden

## Suworowweg Elm – Matt – Engi

Ausgangspunkt Elm/Station oder Dorf. Auf gepfadetem Strässchen und gewalztem Weg der Sernf entlang. Nach Schneefällen vorher erkundigen, ob Weg präpariert ist.
Dauer: 2 Stunden (siehe auch Wandertipp 29)

**Elm zeigt sich oft wie in einem Wintermärchen.**

## Braunwald – Brächalp – Vorderen Berg – Schwettiberg – Braunwald

«Hoch über dem Alltag» liegt Braunwald, und in einer bezaubernd heimeligen Landschaft. Der erholsame Dorfrundgang verspricht beschaulichen Genuss und überraschende Motive für Winterfotos. – Eine Bilderbuchwanderung.

■ **Ausgangspunkt:** Bergstation der Braunwaldbahn/Braunwald

■ **Erreichbarkeit:** SBB bis Station Braunwald/Linthal, Seilbahn nach Braunwald; mit PW bis Braunwald/Linthal

■ **Wanderroute:** Braunwald (1256 m) - Niderschlacht - Brächalp/Unterstafel (1252 m) - Vorderen Berg/Gondelbahn (1300 m) - Mittlerer Dorfrundgang - Tödiblick (1372 m) - Schwettiberg - Hotel Bellevue - Braunwald

■ **Wanderzeit:** 2 Stunden

■ **Höhenmeter:** Auf- und Abstieg je zirka 200 m

■ **Anforderungen:** leichte Rundwanderung auf gepfadeten Wegen

■ **Wanderkarten:** Braunwald 1:25 000; Glarnerland/Walensee 1:50 000 oder 1:60 000

■ **Braunwald Tourismus:** Tel. 055 653 65 65, www.braunwald.ch

■ **Sportbahnen Braunwald:** Tel. 055 653 65 61

■ **Informationen Kutschenfahrten:** Schuler-Transporte, Tel. 055 643 11 34 / Mobile 079 580 50 00; Schumacher-Transporte, Tel. 055 643 32 35

In Braunwald zeigt sich der kommerzielle Tourismus unaufdringlich und familienfreundlich. Die Fahrt in der Standseilbahn führt uns von **Linthal** in kurzen viereinhalb Minuten hinauf nach **Braunwald**. Beim Aussteigen empfängt uns ein überwältigender Ausblick auf den eindrücklichen Abschluss des Glarner Grosstales mit dem wuchtigen Tödi. Der alles überragende Berg ist stolze 3614 Meter hoch.

Bei der Bergstation laden Pferdeschlitten für eine anderthalbstündige Rundfahrt auf den hier vorgeschlagenen Dorfrundgang ein. Nach dem Nussbüel nehmen wir zu Fuss beim **Hotel Alpenblick** den kurzen Abstieg nach dem **Niderschlacht** in Angriff. Von hier spazieren wir oberhalb des Hotels rechts in ein Wäldchen und danach durch eine bezaubernde Gegend weiter. Wir befinden uns hier zugleich auf einem Teilstück des Braunwalder Ökologie-Lehrpfades mit zahlreichen interessanten Informationstafeln. Geschichtsträchtige Bauernhäuser und von der Sonne geschwärzte Heugaden beleben die von stattlichen Ahornbäumen geprägte,

**Idyllisches Fotomotiv mit Ortstock bei Vorderen Berg.**

parkähnliche Landschaft. Auch die folgenden, oft tief verschneiten Geissstädeli bieten sich als idyllische Fotomotive an.

Bei **Brächalp** finden wir die Abzweigung nach Nussbüel (siehe Wandertipp 43). Wir biegen rechts ab und spazieren über den Sonnenhang nach dem Vorderen Berg mit der Gondelbahnstation zum Grotzenbühl. Geradeaus weiter zeigt uns die Wandertafel den Weg zum **Blauen Dorfrundgang**. Er wird auch als mittlerer Höhenweg bezeichnet und führt hinter dem nahegelegenen Bauernhaus Richtung Gumen. Der kurze, steile Aufstieg zum Hotel Tödiblick (70 Höhenmeter) kann uns auch im Winter ordentlich ins Schwitzen bringen. Der weitere Weg geradeaus Richtung Bächialp lässt nun Bilderbuchromantik aufkommen. Behagliche Ferienchalets tragen Namen wie: Waldhüsli, Soldanella, Tanneeggli, Berghüsli, Ahöreli. Im Chalet Morgenberg lebte von 1900 bis 1982 Lorly Jenny, die Schöpferin und Autorin von «Zwäärg Baartli».

Bald weitet sich die Landschaft und gibt den Blick frei bis zum Spitzmeilen und ins Kärpfgebiet. Bei **Schwettiberg** geht es auf dem kombinierten Schlittel- und Wanderweg Richtung Dorf **Braunwald** bergab und vorbei am Märchenhotel Bellevue. Mit seiner kleinen Natureisbahn strahlt es einen Hauch von Nobelkurort-Atmosphäre aus. Bald bringt uns die Standseilbahn wieder zurück ins Tal und in unseren Alltag.

**Braunwald**                    3 ½ Stunden                    Winter

## Grotzenbüel – Ortstockhaus – Gumen – Seblengrat – Grotzenbüel

Der präparierte Winterwanderweg ist anspruchsvoll und führt teilweise der Skipiste entlang. Ansonsten erleben wir viel Natur und eine beeindruckende Sicht auf die umliegenden Berge. Einkehrmöglichkeiten bestehen nach jeder Teilstrecke.

■ **Ausgangspunkt:** Grotzenbühl/Braunwald, Endstation Gondelbahn

■ **Erreichbarkeit:** SBB bis Linthal/Braunwaldbahn, Standseilbahn nach Braunwald, Gondelbahn nach Grotzenbüel; mit PW bis Linthal/Braunwaldbahn

■ **Wanderroute:** Grotzenbüel (1559 m) - Ortstockhaus (1772 m) - Ober Stafel (1740 m) - Berggasthaus Gumen (1901 m) - Seblengrat (1894 m) - Chnügrat - Grotzenbüel

■ **Wanderzeit:** Grotzenbüel - Ortstockhaus 1 h, Ortstockhaus - Gumen 1 ¼ h, Gumen - Grotzenbüel 1 ¼ h; total 3 ½ h

■ **Höhenmeter:** Auf- und Abstieg rund 400 m

■ **Anforderungen:** teilweise steiler Aufstieg, Teilstücke der Skipiste entlang

(unbewachte Route), bei Lawinengefahr gesperrt (Anfrage Braunwald Tourismus)

■ **Besonderheiten:** umfassende Panoramasicht; auch mit Schneeschuhen möglich

■ **Verkürzte Variante:** ab Berggasthaus Gumen zurück mit Sesselbahn

■ **Wanderkarte:** Braunwald 1:25 000, Glarnerland 1:50 000 oder Glarnerland/Walensee 1:60 000

■ **Braunwald Tourismus:** Tel. 055 653 65 65, www.braunwald.ch

■ **Sportbahnen Braunwald:** Tel. 055 653 65 61

■ **Gaststätten:** Rest. Chämistube, Grotzenbüel (siehe auch S. 198); Ortstockhaus (Übernachtungsmöglichkeit); Gumen; Seblengrat und in Braunwald

Beim **Grotzenbüel** orientieren wir uns ausgangs der Restaurantterrasse an den Wandertafeln. Während der ersten halben Stunde führt der Weg vorwiegend der Skipiste entlang (Vorsicht Skifahrer). Am Ende des Querhanges weist uns das Wanderzeichen Richtung **Ortstockhaus** und wir zweigen links

ab auf den präparierten Winterwanderweg. Durch eine beeindruckende Winterlandschaft geht es vorerst gemächlich aufwärts, bis wir über einen steilen Hang das Ortstockhaus erreichen. Der urchige Wirt des Berggasthauses vermag dem interessierten Zuhörer manch spannende Anekdote zu erzählen. Zu-

**Auf dem Weg zum Ortstockhaus. Schlitten eignen sich jedoch nur bedingt für die ganze Panormawanderung.**

dem lässt es sich auf der herrlichen Sonnenterrasse gut verweilen.

Danach gelangen wir leicht abwärts zu den oberen Gebäuden der **Alp Oberstafel**. Nun heisst es, in Skipistennähe den etwas happigen Schlussaufstieg zum Bergrestaurant **Gumen** zu erklimmen. Auf dem höchsten Punkt unserer Wanderung lohnt es sich einen Halt einzuschalten, um die überwältigende Aussicht zu geniessen. Hinter uns liegen die imposanten Eggstöcke, geradeaus der Ortstock und etwas links dahinter der höchste Glarner Berg, der Tödi. Der Panoramaweg lotst nun weiter dem teils steil abfallenden Hang entlang (Lawinengefahr vorgängig abklären) und durch die abenteuerliche Erlebnisgalerie zum **Seblengrat** mit seinem gleichnamigen Bergrestaurant (Sesselbahn/Winterbetrieb). Auf dem folgenden Wegstück durch eine wildromantische Landschaft öffnet sich uns eine fantastische Sicht auf das Glärnischmassiv. Nach einem kleineren Hochplateau erreichen wir die Tafel **Chnügrat** und zweigen in der Folge über mehrere Kehren den Waldweg hinab. Das Schlussstück führt uns auf einem gut präparierten Waldsträsschen in

Bälde zurück zum Ausgangspunkt **Grotzenbüel**. Wer im Anschluss noch Lust auf eine Schlittenfahrt verspürt, mietet sich bei der Bergstation einen flitzigen Untersatz für die rund vier Kilometer lange Schlittenfahrt hinunter nach **Braunwald**.

■

Winter                 2 Stunden                 Braunwald

## Braunwald – Brächalp – Nussbüel – (Dorfrundgang) – Braunwald

Einem Wintermärchen gleich mag uns die oftmals tief verschneite Landschaft von Braunwald erscheinen. Nach dem Fussmarsch, teilweise am Schattenhang entlang, lassen wir uns auf der Sonnenterrasse im Nussbüel verwöhnen.

---

■ **Ausgangspunkt:** Braunwald

■ **Erreichbarkeit:** SBB bis Station Braunwald/Linthal, Standseilbahn nach Braunwald; mit PW bis Linthal/Braunwald

■ **Wanderroute:** Braunwald (1256 m) - Niederschlacht - Brächalp/Unter Stafel (1252 m) - Nussbüel (1263 m) - Brächalp/Unterstafel - Vorderen-Berg - (Dorfrundgang) - Braunwald

■ **Wanderzeit:** Braunwald - Nussbüel - Braunwald 2 h; Rundgang je 1 bis 1½ h zusätzlich

■ **Höhenmeter:** Auf- und Abstieg gering; mit Dorfrundgang je 200 bis 300 m

■ **Anforderungen:** leichte Wanderung auf gepfadeten Wegen

■ **Wanderkarten:** Braunwald 1:25 000; Glarnerland/Walensee 1:50 000 oder 1:60 000

■ **Info bei Lawinengefahr:** Tel. 055 643 11 40 Wetterbericht: Tel. 055 653 65 75

■ **Braunwald Tourismus:** Tel. 055 653 65 65, www.braunwald.ch

■ **Gaststätten:** Restaurant Nussbüel, Tel. 055 643 11 40 am Weg (Winter: Weihnachten bis Ostern) (siehe auch S. 198)

■ **Informationen Kutschenfahrten:** Schuler-Transporte, Tel. 055 643 11 34 / Mobile 079 580 50 00; Schumacher-Transporte, Tel. 055 643 32 35

---

Schenkt man der Gourmetzeitschrift «Salz und Pfeffer» Glauben, so gibt es im Restaurant Nussbüel den besten Gugelhopf der Welt. Von Linthal lassen wir uns vorerst mit der Standseilbahn die 600 Höhenmeter nach **Braunwald** hochbringen. Der Weg Richtung Nussbüel führt beim Restaurant Alpenblick zuerst links nach dem **Niderschlacht** hinab und verläuft oberhalb des dortigen Hotels rechts.

Nach dem kurzen Waldstück geht es auf gemütlicher Strecke mit steter Sicht auf den mächtigen Ortstock weiter. Ehrwürdige Ahornbäume, braun gebrannte Ställe und heimelige Wohnhäuser prägen diese märchenhaft anmutende Winterlandschaft.

Die Wandertafel bei **Brächalp/Unterstafel** weist links nach Nussbüel. Ist die Wegstrecke wegen Lawinengefahr gesperrt, befindet sich hier eine entsprechende Hinweistafel. Die Gemeinde Braunwald pflegt den Winterwanderweg bis «Laui» bei Zilibach, der Gemeindegrenze von Linthal. Will die Nussbüel-Bauern- und Wirtefamilie Gäste bewirten, muss sie ab hier wintersicher räumen – bei grossen Neuschneemengen auch mit der Schneeschleuder. Durch den meist tief verschneiten Wald spazieren wir bequem dem Schattenhang entlang. Beim Austritt aus dem Wald jedoch überrascht und blendet uns die gleissende Sonne und verunmöglicht die Sicht auf den Tödi.

In einer Viertelstunde erreichen wir auf dem sonnigen Weg den Bergbauernhof **Nussbüel** mit seinem Restaurant. Der fein schmeckende Gugelhopf wird mit einer Riesenportion hauseigenem Schlagrahm serviert. Aus eigener Produktion stammen ebenso die geräuchten Bratwürste. Bei Lawinengefahr

ist die Wirtefamilie Ries (bestehend aus Eltern, Kindern und Grosseltern) oft tagelang von der Umwelt abgeschnitten. Da helfen ihnen die Selbstversorgung mit Hühnern, Schweinen und Kühen und die im Herbst vorsorglich eingelagerten zwei Tonnen Kartoffeln über die Runden.

Auf der beliebten Sonnenterrasse geniessen wir die Sicht auf die umliegenden Berge Saasberg, Hausstock, Chilchestock und Selbsanft. Gestärkt machen wir uns zum Rückweg auf der uns schon vertrauten Strecke auf. Bei der Abzweigung **Brächalp/Unterstafel** entscheiden wir uns für die Strasse links aufwärts. Über den sonnenbeschienenen Hang des **Vorderen Berg** spazieren wir bis zur Talstation der Grotzenbühl/Gondelbahn. Hier stellt sich uns die Wahl, direkt zur Station der **Braunwaldbahn** hinab zu gehen, oder unsere Wanderung mit einem **Dorfrundgang** zu erweitern (siehe auch Wandertipp 46).

Auf dem Weg zur Brächalp wird gegenüber der sonnige Hang von
Nussbüel sichtbar.

**Urnerboden**   Schlitteln 1 / Wandern 2 Stunden   **Dezember bis März**

## Urnerboden/Bergstation Seilbahn – Fisetengrat – Vorder Orthalten – Urnerboden

Der Weg wird von einem Pistenfahrzeug gewalzt, vorzüglich gewartet und weist nur einige wenige steilere Teilstücke auf. Deshalb eignet er sich sowohl zum Schlitteln wie auch zum Winterwandern. Das Gebiet auf Urnerboden ist sehr schneesicher.

---

■ **Ausgangspunkt:** Bergstation Seilbahn am Fisetenpass

■ **Erreichbarkeit:** SBB bis Linthal, mit Sprinter-Bus bis Urnerboden (wenige Busverbindungen im Winter); mit PW bis Urnerboden

■ **Wanderroute:** (Wandern und Schlitteln auf gleicher Route): Fisetenpass/Bergstation (2036 m) - Hinter Orthalten - Vorder Orthalten (1868 m) - Wängi - Urnerboden (1351 m)

■ **Wanderzeit:** 2 h; Schlitteln: 1 h

■ **Höhenmeter:** Aufstieg 30 m, Abstieg 700 m

■ **Anforderungen:** wenige steile Teilstücke, im oberen Teil oft Schneeverwehungen

■ **Besonderheiten:** hochalpines Erlebnis, herrliche Aussicht vom Fisetengrat

■ **Schneeverhältnisse/Zustand Schlittelweg:** nach Schneefällen erteilt Informationen: Braunwald-Klausenpass Tourismus AG, Tel. 055 653 66 65, info@braunwald.ch, www.braunwald.ch

■ **Seilbahn Urnerboden-Fisetengrat:** Tel. 079 736 34 41 (fährt nach Bedarf)

■ **Urnerboden-Sprinter(Bus):** Tel. 079 609 12 71 (nur auf Vorbestellung, Anmeldung am Vortag), Fahrplan siehe unter: www.urnerboden.ch

■ **Gaststätten:** Gasthaus Sonne, Tel. 055 643 15 12) und Gasthof Urnerboden, Tel. 055 643 14 16

---

Die Schlittelstrecke ist schon lange kein Geheimtipp mehr. Von Jahr zu Jahr befördert die Seilbahn zunehmend mehr Passagiere vom **Urnerboden** zum Fisetenpass hinauf. Trotzdem bleibt es hier oben ruhig und nichts ist zu spüren von dem üblichen Kommerz an andern Wintersportorten. Es ist sozusagen auch eine Fahrt von alpinem Gelände in eine baumlose und hochalpin anmutende Zone. Diesen Eindruck vermittelt nicht so sehr die Höhe von 2036 m.ü.M. auf dem **Fisetenpass**, als vielmehr die gewaltigen und beeindruckenden Berge ringsum. Den Grat erreichen wir in gut fünf Minuten ab der Bergstation. Bei schönem Wetter lohnt sich ein Aussichtshalt auf dem Bergkamm mit seinen Sitzgelegenheiten (Achtung, steil abfallend!).

Ein kurzer Fussmarsch führt nun dem Berghang entlang, wo sich oft grössere Schneeverfrachtungen ansammeln. Der Pistenpulli bemüht sich redlich, an diesem Schräghang einen akzeptablen Weg zu walzen. Nun folgen einige steile Kehren hinab zur Alp **Vorder Orthalten**. Schlittelfans, welche eine rassige Abfahrt bevorzugen, kommen hier voll auf ihre Rechnung. Wer es gemütlicher nimmt, braucht gute Schuhe zum Bremsen. Winterwandernde benutzen auf diesem Teilstück mit Vorteil Wanderstöcke. Auf den Dächern der Alpgebäude liegen oft grosse Schneemengen und geben winterliche Fotosujets ab. Nochmals folgt bis zur Alp **Wängi** eine vergnügliche und nicht mehr so steile Abfahrtsstrecke. Bald erwartet uns ein eher sanftes Schlittelvergnügen. Je nach Schneeverhältnissen heisst es möglicher-

Schlitteln und Winterwandern am Fisetengrat erfreuen sich zunehmender Beliebtheit.

boden. An den vereisten Felswänden können wir vielleicht einige verwegene Eiskletterer beobachten. Und manchmal begegnet man auch einem Rudel Huskies, welche mit ihrem Schlittengespann an uns vorbeiflitzen. Entlang der Langlaufloipe (Hinweistafel für Spaziergänger beachten) erreichen wir nach einem kurzen Aufstieg wieder die Talstation und die Bushaltestelle auf dem **Urnerboden**.

weise für eine kurze Strecke den Schlitten zu ziehen. Mit einer letzten Schussabfahrt erreichen wir schliesslich den Talboden Urner-

■

**Winter (blaue Route)**          **2 bis 2 ½ Stunden**          Matt/Weissenberge

## Weissenberge – Ängisboden – Waldibach – Weissenberge

**Die markierte Schneeschuhwanderung eignet sich bestens zum Ausprobieren des Schneeschuhlaufens. Auch Kinder finden auf dieser rund zweistündigen Tour ihren Spass. Insgesamt müssen je 350 Höhenmeter Auf- und Abstieg überwunden werden.**

■ **Ausgangspunkt:** Bergstation der Luftseilbahn Matt-Weissenberge

■ **Erreichbarkeit:** SBB bis Schwanden, Bus bis Matt, Luftseilbahn bis Weissenberge; mit PW bis Talstation Luftseilbahn Matt-Weissenberge

■ **Wanderroute:** Bergstation Luftseilbahn (1266 m) - Ängisboden (1425 m) - Waldibach (1485 m) - Punkt 1600 m (höchster Punkt) - Hüsliberg - Weissenberge

■ **Wanderzeit:** 2 bis 2 ½ h

■ **Höhenmeter:** je 350 m Auf- und Abstieg

■ **Anforderungen:** leicht, geeignet auch für Anfänger

■ **Besonderheiten:** markierte Schneeschuhroute

■ **Vermietung von Schneeschuhen:** Luftseilbahn Matt-Weissenberge, Tel. 055 642 15 46, oder: Christoph Marti Tel. 055 642 15 20 (unterhalb Talstation)

■ **Wanderkarte:** Sernftal 1:25 000 oder Glarnerland 1:50 000

■ **Luftseilbahn Matt-Weissenberge:** Tel. 055 642 15 46, www.weissenberge.ch

■ **Geführte Schneeschuhtouren:** Werner Stauffacher, Matt, Tel. 055 642 22 40, www.out-door.ch, schneeschuh@bluemail.ch

■ **Gasthäuser:** Rest. Weissenberg, Rest. Edelwyss (letzteres Schlafen im Stroh)

Bei der Bergstation der **Luftseilbahn** in Weissenberge folgen wir 100 Meter der Strasse und zweigen nach der Brücke links den Hang hinauf. Später steigen wir über eine kleine Hochebene und sanfte Hänge hoch. Nach etwa 40 Minuten erreichen wir **Punkt 1485**. Von hier aus führt die Route nordostwärts und leicht ansteigend über die **Ängisböden**, Richtung Waldibach. Nach einer kurzen Waldpartie erreichen wir auf **1600 Meter** bereits den höchsten Punkt unserer heutigen Tour. Der Abstieg führt dann mehr oder weniger in der Fallinie hinab Richtung **Hüsliberg**. Bei Punkt 1400 queren wir etwa 100 Meter nach links und zweigen folgend rechts ab. Bald erreichen wir die verstreute Wohnsiedlung **Weissenberge**, wo die Möglichkeit besteht in einem der beiden Restaurants «Weissenberge» oder

**Das Kleinod Weissenberge wird im Winter von der Sonne verwöhnt.**

«Edelwyss» einzukehren. Als Alternative zur Rückfahrt mit der Luftseilbahn steht uns auch der Sommerwanderweg zur Verfügung. Dieser ist zwar nach Schneefällen meist noch

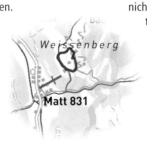

nicht gespurt. 200 Meter nach Beginn der Schlittelbahn zweigt er rechts ab und führt über einen steilen Hang und Wald hinunter nach **Matt**.

■

Winter (rote Route)                    4  Stunden                    Matt/Weissenberge

# Weissenberge – Ängisboden – Abedweid – Chegelboden – Weissenberge

**Die mittelschwere Tour dauert vier Stunden und führt zum Skihaus Stäfeli auf 1767 m.ü.M. Sie stellt gewisse Anforderungen an die Kondition. Der Aufstieg durch die ruhige Landschaft wird mit einer überragenden Weitsicht in die Glarner Berge belohnt.**

---

■ **Ausgangspunkt:** Bergstation der Luftseilbahn Matt-Weissenberge

■ **Erreichbarkeit:** SBB bis Schwanden, Bus bis Matt, Luftseilbahn bis Weissenberge; mit PW bis Matt Talstation Luftseilbahn

■ **Wanderroute:** Bergstation Luftseilbahn (1266 m) - Ängisboden (1425 m) - Ochsenbüel (1632 m) - Abedweid - Fitterenstäfeli (1767 m) - Chegelboden (1687 m) Weiden - Weissenberge

■ **Wanderzeit:** Aufstieg rund 2 ½ h, Abstieg 1 ½ h; total 4 h

■ **Höhenmeter:** je 500 m Auf- und Abstieg

■ **Anforderungen:** teils strenger und langer Aufstieg

■ **Besonderheiten:** markierte Schneeschuhroute; schöne Aussicht, unverfälschte Natur

■ **Vermietung von Schneeschuhen:** Luftseilbahn Matt-Weissenberge, Tel. 055 642 15 46, oder: Christoph Marti Tel. 055 642 15 20 (unterhalb Talstation)

■ **Wanderkarte:** Sernftal 1:25 000 oder Glarnerland 1:50 000

■ **Luftseilbahn Matt-Weissenberge:** Tel. 055 642 15 46, www.weissenberge.ch

■ **Geführte Schneeschuhtouren:** Werner Stauffacher, Matt, Tel. 055 642 22 40, www.out-door.ch, schneeschuh@bluemail.ch

■ **Gasthäuser:** Rest. Weissenberg, Rest. Edelwyss (letzteres m. Schlafen im Stroh

---

Bei der Bergstation der **Luftseilbahn** gehen wir zirka 100 Meter der Strasse entlang und zweigen dann links zum Hang hinauf. Nun folgen Anstiege über sanfte Hügel und durch Wald. Nach einer guten halben Stunde erreichen wir den Punkt 1425, auf der kleinen Hochebene von **Ängisboden**. Braungebrannte Stallwände laden hier zu einem Sonnenbad ein. Solch gemütlichen Holzhüttchen begegnen wir auch später auf unserem weiteren Aufstieg. Wir wandern nordostwärts weiter und anfänglich auch etwas steil hinauf Richtung Skihaus **Stäfeli** (1767 m.ü.M), dem höchsten Punkt der heutigen Schneeschuhtour. Die Ruhe und die Aussicht hier oben sind überragend.

Aus welcher Perspektive man die Tschingelhoren bei Elm auch immer betrachtet – stets sind sie faszinierend!

Der Rückweg führt erst zum **Chegelboden** und dann weiter nach **Weiden** und **Hüsliberg**. Bei Punkt 1400 queren wir zirka 100 Meter nach links und zweigen dann rechts ab. In Bälde erreichen wir die Streusiedlung **Weissenberge**, wo uns die beiden Restaurants

«Weissenberge» und «Edelwyss» zur Einkehr einladen. Nach Matt zurück benutzen wir die Luftseilbahn oder begeben uns auf den Schlittelweg, wo nach 200 Metern eine Wandertafel rechts nach **Matt** weist (nach Schneefällen oft noch nicht gespurt). Über einen steilen Hang und durch Wald hinunter erreichen wir unser Ziel, die Talstation der Luftseilbahn.

**Winter**　　　　　　2 ½ bis 3 Stunden　　　　　Elm/Büel

## Elm/Büel (Parkplatz) – Obererbs – Büel

**Die Schneeverhältnisse im abgeschlossenen und einsamen Tal hinter Elm
sind meist bis in den Frühling hinein sicher. Betreffend Öffnungszeiten
der Skihütte Obererbs erkundigt man sich vorteilhaft über die Internetadresse
(siehe unten).**

■ **Ausgangspunkt:** Parkplatz Büel
(1 km vor Militärübungsplatz Wichlen)

■ **Erreichbarkeit:** mit PW bis Parkplatz
Büel; mit Bus bis Sportbahnen Elm
und zu Fuss 2,5 km auf gepfadeter Strasse
nach Büel

■ **Wanderroute:** Büel (1261 m) -
Obererbs (1690 m) - Büel

■ **Wanderzeit ab Büel:** Aufstieg 1 ½ bis
2 h, Abstieg 1 h; total 2 ½ bis 3 h

■ **Höhenmeter:** Auf- und Abstieg je 429 m

■ **Anforderungen:** gewisse Kondition
vorausgesetzt, teils steiler Aufstieg durch
Wald

■ **Besonderheiten:** markierte Schneeschuhroute

■ **Vermietung von Schneeschuhen:**
Tel. 055 642 60 60,
info@sportbahnenelm.ch

■ **Wanderkarte:** Sernftal 1:25 000
oder Glarnerland 1:50 000

■ **Gaststätte:** Skihütte Obererbs
(im Winter geöffnet an Wochenenden,
Feiertagen und in den Schulferien),
www.scelm.ch

■ **Elm-Sernftal Tourismus:**
Tel. 055 642 52 52, www.elm.ch

Mit dem PW (zu Fuss sind es ab
Bushaltestelle «Sportbahnen» eine

halbe Stunde) fahren wir bis zum
**Parkplatz bei Büel.** Nebst Schnee-
schuhläufern trifft man hier vor
allem Skitourenfahrer an. Der Ort
ist Ausgangspunkt für eine Skitour
ins Kärpfgebiet. Zuerst über einen
Hang gelangen wir danach durch
teils steilen Wald aufwärts. Im letzten Drittel überqueren wir die weit-
läufige Alpweide und erreichen die
Alp **Obererbs** mit ihren oft tief ein-
geschneiten Alpgebäuden. Die heimelige **Skihütte Obererbs** bietet
auch Übernachtungsmöglichkeiten
an und verwöhnt die Gäste mit
Glarner
Spezia-
litäten.
Beein-
druckend
an die-
sem Ort
ist die
Sicht

auf den 3158 Meter hohen Hausstock. Für den Weg zurück nach
**Büel** wählt man die gleiche Strecke
oder die Alternativroute rechts
Richtung Wichlen.　　　　　■

**Mettmen**  5 Stunden  Winter

## Mettmen – Oberstafel – SAC Leglerhütte – Oberstafel – Mettmen

Diese Tour setzt eine gute Kondition voraus. Sie führt mitten durch den Freiberg Kärpf, dem ältesten Wildschutzgebiet Europas, zur topmodernen Leglerhütte. Nach grossem Schneefall informiert man sich mit Vorteil vorgängig betreffend Lawinengefahr.

■ **Ausgangspunkt:** Bergstation der Luftseilbahn Kies-Mettmen

■ **Erreichbarkeit:** mit PW bis Talstation der Luftseilbahn Kies-Mettmen (Schwanden)

■ **Wanderroute:** Bergstation Mettmen (1610 m)/Garichtistausee - Oberstafel - Leglerhütte (2273 m) - Oberstafel - Mettmen

■ **Wanderzeit:** Aufstieg 3 h, Abstieg 2 h; total 5 h

■ **Höhenmeter:** Auf- und Abstieg je 663 m

■ **Anforderungen:** strenge Tour, welche eine gute Kondition und Erfahrung voraussetzt; Abklärung möglicher Lawinengefahr unerlässlich (www.slf.ch)

■ **Besonderheiten:** markierte Schneeschuhtour

■ **Wanderkarte:** Sernftal 1:25 000; Glarnerland oder Skitourenkarte 1:50 000

■ **Luftseilbahn Kies-Mettmen:** Tel. 055 644 20 10, www.mettmen-alp.ch

■ **Schneeschuhmiete/geführte Touren:** siehe Luftseilbahn Kies-Mettmen

■ **Gaststätten:** SAC Leglerhütte: www.leglerhuette.ch (Übernachtungsmöglichkeiten im Winter ab Silvester bis Ostern von Fr bis So, siehe auch S. 198); Berggasthaus Mettmenalp, Tel. 055 644 14 15, www.mettmen-alp.ch

Die Route wird auch von zahlreichen Tourenskifahrern begangen. Sie ist Ausgangspunkt für verschiedene Touren, vor allem ins Kärpfgebiet. Von der **Bergstation Mettmen** geht es zuerst hoch zum **Garichtistausee**. Diesem entlang gelangen wir nach einem kurzen Aufstieg und über eine Hochebene zur Alp **Oberstafel**. Nach der **Kärpfbrücke** und dem Niederenbach entlang wandern wir nur noch aufwärts. Nach einem langen und teils steileren Schlussaufstieg erreichen wir die hochgelegene **SAC-Leglerhütte**.

**Die Leglerhütte ist ein Highlight unter den SAC-Hütten. (Foto: Romano Frei)**

Das Berghaus stellt eine perfekte Kombination von moderner Architektur und gemütlicher Berghütte dar, und auch die Verpflegung ist vielseitig. Nach der Stärkung oder allenfalls erst am folgenden Tag kehren wir wieder auf der gleichen Route zurück nach **Mettmen**. Weitere Details zur Wanderung können Sie auch dem Wandertipp 24 entnehmen.

■

## Mettmen – Grosser Fels – Unterstafel – Mettmen

**Diese Tour wird auch als Schnuppertour bezeichnet und eignet sich für Personen, welche das Schneeschuhlaufen erfahren möchten. Sie ist einfach zu bewältigen und beeindruckt mit einer grossartigen Landschaft. Allerdings ist auch hier die Lawinengefahr zu beachten.**

- ■ **Ausgangspunkt:** Bergstation der Luftseilbahn Kies-Mettmen

- ■ **Erreichbarkeit:** mit dem PW bis Talstation der Luftseilbahn Kies-Mettmen (Schwanden)

- ■ **Wanderroute:** Bergstation Mettmen (1610 m) - Richtung Klettergarten - Grosser Fels - Unterstafel (1710 m) - Mettmen

- ■ **Wanderzeit:** total 1 h

- ■ **Höhenmeter:** Auf- und Abstieg je 100 m

- ■ **Anforderungen:** leichte Tour zum besinnlichen Wandern, Abklärung möglicher Lawinengefahr unerlässlich (www.slf.ch)

- ■ **Besonderheiten:** markierte Schneeschuhtour

- ■ **Wanderkarte:** Sernftal 1:25 000, Glarnerland oder Skitourenkarte 1:50 000

- ■ **Luftseilbahn Kies-Mettmen:** Tel. 055 644 20 10, www.mettmen-alp.ch

- ■ **Schneeschuhmiete/geführte Touren**: siehe Luftseilbahn Kies-Mettmen

- ■ **Gaststätten:** Berggasthaus Mettmenalp, Tel. 055 644 14 15, www.mettmen-alp@bluewin.ch

kierte Route des Gämspfades ab und steigen den steileren Hang auf Richtung **Klettergarten/Berglimattsee**. Nach dem kurzen Aufstieg geht es nun mehr oder weniger eben dem Hang entlang. Wir erreichen **Unterstafel** und sind bald wieder zurück in Mettmen, wo wir uns im Berggasthaus **Mettmenalp** verköstigen können. ■

Von der **Bergstation Mettmen** gelangen wir zum zugefrorenen **Garichtistausee**. Gegen Ende des Sees zweigen wir links auf die mar-

**Winter**                    **1 ½ Stunden**                    **Braunwald**

# Rubschen – Ohrenplatte – Unterstafel – Grotzenbüel – Rubschen

**Der rund vier Kilometer lange Rundgang eignet sich vorzüglich als Schnuppertour. Er führt durch unberührte Landschaft und teilweise auch der Skipiste entlang. Von Braunwald-Dorf aus muss total eine Höhendifferenz von rund 300 Metern überwunden werden.**

■ **Ausgangspunkt:** Braunwald-Dorf oder ab Grotzenbüel

■ **Erreichbarkeit:** SBB bis Linthal-Braunwald, Standseilbahn nach Braunwald und evtl. Gondelbahn nach Grotzenbüel

■ **Wanderzeit:** 1 ½ h (mit Auf- und Abstieg ab Braunwald 2 ½ h)

■ **Höhenmeter:** Auf- und Abstieg je 300 Höhenmeter (ab Grotzenbüel 140 m)

■ **Anforderungen:** leichte Tour

■ **Besonderheiten:** markierte Schneeschuhroute, entlang der Langlaufloipe in ruhiger Natur

■ **Wanderkarte:** Glarnerland 1:50 000 oder 1:60 000

■ **Geführte Schneeschuhwanderungen:** Schweizer Schneesportschule Braunwald, www.snowguide.ch, skischule.braunwald@bluewin.ch

■ **Vermietung Schneeschuhe:** Ahorn Sport: Tel. 055 643 35 69; Kessler Sport: Tel. 055 643 35 69

■ **Gaststätten:** Rest. Chämistube, Grotzenbüel (siehe auch S. 198); Schwettiberg und Braunwald-Dorf

■ **Braunwald-Tourismus:** Tel. 055 653 65 65, www.braunwald.ch

Um zum Schneeschuhpfad zu gelangen wählt man mit Vorteil den Aufstieg über die Dorfstrasse, welche von der Bergstation der Standseilbahn in **Braunwald** rechts hinaufführt. In knapp einer halben Stunde erreichen wir **Rubschen**, wo etwas weiter oben rechts der Rundpfad beginnt. Dieser führt zuerst durch unberührte Landschaft Richtung Ohrenplatte sowie oberhalb vom **Unterstafel** in den Mattwald.

Im **Grotzenbüel** besteht die Möglichkeit, sich im Restaurant zu verpflegen. Sozusagen als Dessert führt dann der Abstieg wieder zum

**Eine Pferdeschlittenfahrt gehört zu einem längeren Aufenthalt in Braunwald.**

Ausgangspunkt **Rubschen** zurück. Als Alternative kann man die Tour auch auf Grotzenbüel starten. Dies bedingt allerdings zum Abschluss des Rundganges einen Aufstieg. An-stelle einer Rückkehr zu Fuss besteht auch die Möglichkeit mit der Gondelbahn oder mit dem Schlitten nach **Braunwald-Dorf** zurückzu-kehren. ■

**Geführte Schneeschuh-
wanderungen und Schnee-
schuhmiete Braunwald**

■ **Geführte Schneeschuh-
wanderungen:**
Schweizer Schneesportschule
Braunwald, www.snowguide.ch,
skischule.braunwald@bluewin.ch

■ Vermietung Schneeschuhe:
Ahorn Sport, Tel. 055 643 35 69;
Kessler Sport, Tel. 055 643 35 69

**Geführte Schneeschuhwande-
rungen und Schneeschuhmiete
Mettmenalp**

■ **Geführte Schneeschuh-
wanderungen:**
tagsüber oder bei Mondschein,

Anmeldung:
Luftseilbahn Kies-Mettmen,
Tel. 055 644 20 10,
www.mettmen-alp.ch

**Geführte Schneeschuhwande-
rungen und Schneeschuhmiete
Elm, Weissenberge**

■ **Geführte Schneeschuh-
wanderungen:**
Werner Stauffacher, Matt,
Tel. 055 642 22 40,
www.out-door.ch,
schneeschuh@bluemail.ch
(Ausgebildete Schneesportlehrer)

■ **Vreni Schneider Skischule:**
Tel: 079 336 53 69,
www.vrenischneider.ch

Der Föhnschneesturm vermag dem Tödi eine Aura zu verleihen.

■ **Schweizer Skischule:**
Tel. 079 704 53 56,
www.skischule-elm.ch
■ **Rhyner Sport AG:**
Tel. 055 642 13 41
■ **Luftseilbahn Matt-Weissen-berge:**
Tel. 055 642 15 46,
www.weissenberge.ch

Geführte Schneeschuhtouren
und Schneeschuhmiete Fronalp/
Mullern, Kerenzerberg, Ennet-
berg, Klöntal, Urnerboden
■ **Schneeschuhtouren:**
Thomas Pfenninger, Eventfirma
«Erlebnis Berg», Dürnten,
Tel. 055 653 11 44,
www.erlebnisberg.ch
■ **Mullern:**
Berggasthaus Alpenrösli vermietet
Schneeschuhe und organisiert
gegen Voranmeldung auch
geführte Schneeschuhtouren.
Tel. 055 612 12 84,
alpenroesli@mullern.ch

■ **Urnerboden:**
geführte Schneeschuhtouren mit
einheimischem Wildhüter, Informationen und Schneeschuhmiete
unter Tel. 079 691 74 77
■ **Kerenzerberg:**
geführte Schneeschuhtouren;
Infos: Kerenzerberg Tourismus,
www.kerenzerberg.ch,
Schneeschuhvermietung:
Menzi Sport, 8757 Filzbach,
Tel. 055 614 11 15,
www.menzi-sport.ch

Lawinensituation/Lawinen-
bulletin
Bitte beachten Sie in jedem Fall die
aktuelle Lawinensituation und das
Lawinenbulletin unter www.slf.ch.

## Kerenzerberg

7 Kilometer Schlittelabfahrt vom Habergschwänd nach Filzbach. Eindrückliche und familienfreundliche Schlittelbahn, mit rasantem Gefälle und gemütlichen Zwischenstücken. Schöne Sicht auf den Walensee und Amden. Einkehrmöglichkeit auf Habergschwänd und in der Schneebar am Talalpsee.

■ Erreichbarkeit: SBB bis Näfels, Bus bis Filzbach, Sesselbahn bis Habergschwänd; mit PW bis Filzbach/Sesselbahn.

## Matt/Weissenberge

3,2 Kilometer lange, sehr sportliche Schlittelbahn von den Weissenbergen bis Matt. Für Vorschulkinder ohne Begleitung der Eltern nicht geeignet. Führt erst durch eine faszinierende Berglandschaft und später dem Bachtobel entlang zur Talstation. Einkehrmöglichkeit in zwei Restaurants mit Sonnenterrassen.

■ Erreichbarkeit: SBB bis Schwanden, Bus bis Matt, Gondelbahn bis Weissenberge; mit PW bis Matt/Seilbahnstation.

Sportliche Schlittelbahn von den Weissenbergen nach Matt.

### Elm

3 Kilometer langer Schlittelweg vom Ämpächli (Bergstation Gondelbahn) nach Elm (Talstation). Einkehrmöglichkeiten auf Ämpächli und in Elm. Kurvenreicher Schlittelweg mit grosser Höhendifferenz inmitten grossartiger Bergkulisse.

■ Erreichbarkeit: SBB bis Schwanden, Bus bis Elm/Sportbahnen, mit Gondelbahn nach Ämpächli; mit PW bis Elm/Sportbahnen.

### Braunwald

3 Kilometer langer Schlittelweg vom Grotzenbüel über Rubschen nach Braunwald Dorf. Der kombinierte Schlittel- und Winterwanderweg eignet sich gut mit Kindern. Eine weitere, gleich lange Strecke (etwas sportlicher) führt vom Grotzenbüel über Hüttenberg nach Braunwald. Einkehrmöglichkeit auf dem Grotzenbüel und im Dorf Braunwald.

■ Erreichbarkeit: SBB bis Linthal/Braunwaldbahn, Standseilbahn nach Braunwald, Gondelbahn bis Grotzenbüel; mit PW bis Linthal/Braunwaldbahn.

### Urnerboden

8 Kilometer lange Schlittelbahn vom Fisetengrat nach Urnerboden, mit steilen und flachen Teilstücken in hochalpiner Umgebung. Nach grossen Schneefällen unbedingt Informationen einholen. Einkehrmöglichkeit auf Urnerboden.

■ Erreichbarkeit: SBB bis Linthal, mit Urnerboden-Shuttle bis Urnerboden, www.urnerboden.ch (siehe auch Wandertipp 49); mit PW bis Urnerboden.

**Familienfreundliche Schlittelbahn vom Grotzenbühl nach dem Dorf Braunwald.**

## UNESCO-Weltnaturerbe Tektonikarena Sardona

Im Juli 2008 wurde die 32850 Hektaren grosse Tektonikarena Sardona von der UNESCO auf die Welterbeliste aufgenommen. Zum Welterbegebiet gehören mehrere Dreitausender, darunter der namensgebende Piz Sardona und der Ringelspitz. Die Arena erstreckt sich über eine mehrheitlich hochalpine Landschaft auf dem Gebiet von 19 Gemeinden zwischen Vorderrheintal, Linthtal und Walensee. Von den 19 Welterbegemeinden in der Tektonikarena Sardona liegen deren vier (Flims, Laax, Trin und Tamins) in Graubünden, deren sechs (Pfäfers, Vilters-Wangs, Mels, Flums, Quarten, Bad Ragaz) im Kanton St. Gallen und die restlichen neun (Mühlehorn, Filzbach, Obstalden, Mollis (Glarus Nord), Ennenda (Glarus Mitte) und Sool, Engi, Matt, Elm (Glarus Süd) im Kanton Glarus.

## Glarner Hauptüberschiebung

In der Glarner Hauptüberschiebung überlagern ältere Gesteinsschichten jüngere, was zur Erkenntnis der Gebirgsbildung durch Überschiebung von Gebirgsdecken führte. Gut erkennbar ist die Überschiebung an den durch das Martinsloch bekannten Tschingelhörnern (auch «Tschingelhoren») zwischen Elm und Flims sowie bei einer Lochsite genannten Stelle im unteren Sernftal bei Sool.

Die Glarner Hauptüberschiebung an den Tschingelhoren ist besonders im Winter gut sichtbar.

**Seit dem 7. Juli 2008 ist die Tektonikarena Sardona UNESCO-Weltnaturerbe**

Die Gebirgslandschaft zwischen Vorderrheintal, Sernftal und Walensee ist geologisch weltweit einzigartig, weil dort die Gebirgsbildungsprozesse gut sichtbar sind. Beim Betrachten des 300 Quadratkilometer grossen Gebietes der Tektonikarena Sardona fällt eine horizontale «magische» Linie auf. An den Tschingelhoren, am Foostock, am Ringelspitz oder in der Lochsite bei Sool/Schwanden ist sie besonders schön erkennbar. Den Wissenschaftern bereitete sie während Jahrzehnten grosses Kopfzerbrechen. Bereits vor fast 200 Jahren vermuteten sie, dass an dieser Linie sehr alte Gesteine über viel jüngeren liegen.

Es brauchte Jahrzehnte heftiger Streitereien bis zu Beginn des 20. Jahrhunderts die These einer riesigen Überschiebung akzeptiert wurde: Ein mehrere Kilometer dickes Gesteinspaket wurde im Vorderrheintal ausgequetscht und entlang der Glarner Hauptüberschiebung rund 40 Kilometer nordwärts geschoben. So liegen heute 250 bis 300 Millionen Jahre alte dunklere Verrucanogesteine über rund 50 Millionen Jahre alten bräunlich-grauen Flyschgesteinen. Da die Strukturen im Welterbegebiet so gut studiert und untersucht werden können, wird hier noch heute sehr intensiv am Mechanismus der Überschiebung geforscht.

Auch an der Lochsite oberhalb Schwanden ist die Gesteinsüberschiebung gut sichtbar.

## Der Sardona Welterbeweg

In der Region Sarganserland-Walensee-Glarnerland existiert seit 1999 ein Geopark. Die natürlichen Ressourcen – die imposante Geologie und interessante Geotoplandschaften, der traditionsreiche Bergbau, sowie modernste Steinverarbeitungsbetriebe und Untertageforschungsstätten – laden zum Erleben ein. Im März 2009 wurde dieser Geopark unter dem Namen Geopark Sardona in den Kanton Graubünden erweitert.

## Rückgrat des Geoparks Sardona und der Tektonikarena Sardona

Der Sardona Welterbeweg stellt sozusagen das Rückgrat für den Geopark Sardona und die Tektonikarena Sardona dar. Von Filzbach (Habergschwänd) bis Flims ist dieser Weg so angelegt, dass während einer Woche von Unterkunft zu Unterkunft das Kerngebiet des Geoparks und des UNESCO-Welterbegebiets durchwandert werden kann. Attraktive Berggebiete sind zu sehen, wie Kerenzerberg, Mürtschenstock, Murgseen, Mühlebachtal und Flumserberge. Ebenso lohnend sind Besuche des Karstgebietes bei der Schilsquelle, den Fossilienfundstellen zwischen Schönbühl-, Fanser- und Laui-Fürggli, sowie des Weisstannen- und Calfeisentals. Oder die Überquerung des Heubützli- und des Foopasses sowie eine Besichtigung von Elm. Zwei- oder Dreitagestouren für Teilstrecken sind ebenso empfehlenswert wie der Einbezug weiterer GeoStätten, die den jährlich neu erscheinenden «Geopark-Infos» entnommen werden können. Es ist vorgesehen im Jahre 2010 diesen Höhenweg unter dem Namen «Sardona-Welterbeweg» über SchweizMobil zu festigen.

## UNESCO-Weltnaturerbe Tektonikarena Sardona

Der Sardona Welterbeweg durchquert exakt das Gebiet, welches im Juli 2008 unter dem Namen Tektonikarena Sardona auf die UNESCO-Welterbeliste aufgenommen wurde. Es ist die sogenannte Glarner Hauptüberschiebung im Grenzgebiet der Kantone Glarus, St. Gallen und Graubünden. Sie hat national und international – sowohl landschaftlich wie wissenschaftshistorisch – grosse Berühmtheit erlangt. Viele geologische Prozesse und Gesteine wurden erstmals in den Glarner Alpen erkannt und beschrieben.

### «Gebrauchsanweisung»

Der Sardona Welterbeweg ist ausschliesslich mit der Karte auf bestehenden Wanderwegen zu begehen. Die meisten geographischen Angaben in der Routenbeschreibung sind auf die Angaben der Landeskarte der Schweiz 1:25 000 (Blätter 1134, 1154, 1155, 1174 und 1175) abgestimmt. In dieser Broschüre sind die Tagesrouten A–F mit Hinweisen zur Erdkunde beschrieben. Im Anhang findet man Angaben zu den Übernachtungsmöglichkeiten. Die Begehung des Sardona Welterbeweges erfolgt auf eigene Verantwortung und setzt Grundkenntnisse beim Gebirgswandern voraus! Der Ausrüstung, dem Kartenmaterial, dem Wetter und den Hinweisen der Sachverständigen ist gebührend Beachtung zu schenken! Empfehlenswert ist zudem der Gebrauch der Broschüre «Geopark-Infos» (erhältlich bei der Geopark-Geschäftsstelle oder den Tourismusbüros) oder ein Blick auf den Internetauftritt www.geopark.ch.

### Der Geopark Sardona

Im Geopark Sardona können alte Bergwerke besichtigt, die Geowege oder der Sardona Welterbeweg erwandert werden. Zudem gibt es viele Naturphänomene zu bestaunen, wie Wasserfälle, Schluchten, Quellen oder die faszinierenden Gesteinsschichten. Museen, geologisch geführte Schifffahrten, Bergwerks- und Festungsführungen, Betriebsbesichtigungen von über- und unterirdischen Steinbrüchen, Steinverarbeitungsbetriebe, grosse Wasserkraftanlagen oder eine internationale Tunnelbauforschungsstätte vervollständigen das vielfältige Angebot.

Der Verein Geopark Sardona versteht sich als vernetzendes Bindeglied der in der Zwischenzeit über 50 GeoStätten. So betreut die Geschäftsstelle die Webseite www.geopark.ch mit der GeoAgenda und erstellt jährlich auf das Frühjahr fristgerecht auf die Sommersaison die Broschüre Geopark-Information. Zur Betreuung und Information der Gäste bildete der Verein Geopark sogenannte «Geopark-Guides» aus und vermittelt Kontakte zum Geopark-Guide-Pool.

■ Kontakt: Verein Geopark Sardona, Geschäftsstelle, Allmeind, 8765 Engi oder www.geopark.ch, info@geopark.ch

## Glarner Industrieweg

Der Glarner Industrieweg führt als gut ausgeschilderter Velo- und Wanderweg von Linthal bis Ziegelbrücke und von Elm bis Schwanden. Er wurde 1997 eröffnet und führt zu modernen und historischen Bauwerken der Industriekultur. An den Standorten informieren Objekttafeln in Text und Bild über historische, bauliche, technische und soziale Aspekte dieses einzigartigen Kulturgutes. Die Geschichte der Glarner Textilindustrie, die Gegenwart und die Zukunft der Glarner Arbeitswelt werden dabei beinahe live erlebt.

Die Besucher/Innen erhalten eine aufklappbare, dreiteilige Mappe, welche drei Karten enthält; je eine für das Sernftal, das Grosstal und das Glarner Unterland. Darauf sind die Routen zu den 80 Industrieobjekten eingezeichnet und mit Kurzbeschreibungen versehen. Die rund 50 Kilometer lange Strecke verläuft meist abseits der Hauptstrasse und ist gut markiert.

- Infos über Führungen und Fabrikbesichtigungen: Verein Glarner Industrieweg, Tel. 055 640 20 22, www.glarner-industrieweg.ch
- Kartenmaterial: Buchhandlung Baeschlin Glarus, Tel. 055 640 12 49; Autobahnraststätte Niederurnen, Tel. 055 610 21 25, info@glarnerland.ch

## Landesfusswege (Historische Verkehrswege) im Glarnerland

Damit sind all diejenigen Wege gemeint, die auf öffentlichem und privatem Boden verlaufen und auf denen ein dauerndes, öffentliches Fusswegrecht besteht. Die Gebirgspässe sind rechtlich den Landesfusswegen gleichgestellt. Die Passstrecken waren früher bedeutsame Fuss- und Saumwege für den Verkehr und Handel mit den Nachbarkantonen. Davon sind noch Alp- und Waldpfade geblieben, und heute zu beliebten Berg- und Wanderwegen geworden.

Von den insgesamt 72 Landesfusswegen, Gebirgspässen und Alten Landstrassen sind deren 43 mit einer Gesamtlänge von 127 Kilometern zugleich Wander- und Bergwege. Sie sind als solche in der Wanderkarte Glarnerland eingezeichnet. Sie werden auch Historische Verkehrswege genannt, denn sie sind alle ehrwürdige Zeugen der einstigen Strassen und Pfade. Im Lande Glarus bestanden zwei Hauptrouten, die vorwiegend in erhöhter Lage am

Rande des damals noch in seiner ganzen Breite von der Linth und den Seitenbächen periodisch überschwemmten Talbodens verliefen. Die Linth, noch ungezähmt, war damals schwer zu überbrücken.

*Teilweise entnommen aus dem Buch: «Landesfusswege – Historische Verkehrswege im Glarnerland» von Ernst Blumer*

## Fridliweg

Der 35 Kilometer lange Fridliweg entspricht der Gesamtlänge des Kantons und ist nach dem Schutzpatron der Glarner, dem heiligen Fridolin, benannt. Er verläuft von Linthal bis nach Bilten, grösstenteils in der Nähe der Linth. Die ausgeschilderte Wanderroute führt an nahezu allen Glarner Dörfern vorbei. Auf einigen Teilstücken folgt er auch den Glarner Industriewegen und führt an Fabriken, herrschaftlichen Fabrikantenvillen und schlichten Kosthäusern vorbei. Die rund neunstündige Wanderung wird mit Vorteil in zwei Tagesetappen unterteilt: Linthal – Glarus und Glarus – Bilten. Die Talstrecke kann auch mit dem Fahrrad absolviert werden, wobei die Routenführung auf grösseren Teilstücken nicht dem Fridliweg folgt.

## Kärpf-Trek

Dreitägige Wanderung durch das älteste Wildschutzgebiet Europas. **1. Tag:** Anreise nach Mettmen, Wanderung Mettmen – Leglerhütte SAC mit Übernachtung. **2. Tag:** Leglerhütte – Richetlipass – Obererbs mit Übernachtung in der Skihütte. **3. Tag:** Obererbs – Wildmadfurggeli – Mettmen und Heimreise.

- Infos und Anmeldung: Elm-Sernftal Tourismus, Tel. 055 642 52 52, info@elm.ch
- Touristinfo Glarnerland, Tel. 055 610 21 25, info@glarnerland.ch
  Unter www.elm.ch (Sommer-Wandern-Kärpf-Trek) kann die Broschüre Kärpf-Trek heruntergeladen werden.

■ **Ausgangspunkt:** Bergstation der Luftseilbahn Kies-Mettmen

■ **Erreichbarkeit:** SBB bis Schwanden, Bus bis Kies (Sommerfahrplan beachten)

■ **Wanderroute:** Mettmen (1610 m) - Wildmadfurggeli (2292 m) - Chüebodensee - Ämpächli/Sesselbahn (1485 m) - Elm

■ **Wanderzeit:** 4 bis 5 h

■ **Höhenmeter:** Aufstieg 682 m, Abstieg 807 m

■ **Anforderungen:** strengere Wanderung, weniger geeignet für kleinere Kinder

■ **Wanderkarte:** Sernftal 1:25 000, Glarnerland 1:50 000

■ **Luftseilbahn Kies-Mettmen:** Tel. 055 644 20 10, www.mettmen-alp.ch

■ **Gaststätten/Unterkünfte:** siehe Wandertipp 24 und 28

■ **Literatur:** «Ging aus eine Gämse jagen», Tina Hauser und Al Imfeld

■ **Infos zum Skulpturenweg:** www.tinahauser.ch

## Skulpturenweg Wildmad
### Auf den Spuren der Hochzeitsgämsen (Wanderung von 4 bis 5 Stunden)

Neun Eisenplastiken der Künstlerin Tina Hauser zieren zwischen Mettmen und Elm die Wanderroute. Die Objekte erzählen die Geschichte der Hochzeitsgämsen aus dem Freiberg Kärpf, einem Brauchtum aus dem 17. und 18. Jahrhundert. Die Künstlerin wollte damit einen geschichtlichen Hintergrund des Freibergs sichtbar machen. Eine Hommage nicht nur an die Hochzeitsgämsen, sondern auch an alle Gämsen, die still und heimlich während der Kriegsjahre geschossen wurden. ■

### Spiele- und Erlebnisweg in Linthal/Rüti

10 spannende Erlebnisspielplätze, lustige Ravensburger Brettspiele und Spieltafeln mit Glarner Bildmotiven unterhalten beim Wandern Gross und Klein auf einer Strecke von zirka 5 km.

- Öffnungszeiten: täglich von Mitte Mai bis Mitte Oktober
- Start und Ziel: Talstation der Braunwaldbahn in Linthal
- Eintrittspreise: 10 Franken pro Familie für Rucksack mit Spielmaterial (Talstation Braunwaldbahn)
- Kontakte: Linthal-Rüti Tourismus, 8783 Linthal, Tel. 055 643 30 79, www.spieleunderlebnisweg.ch, info@spieleunderlebnisweg.ch

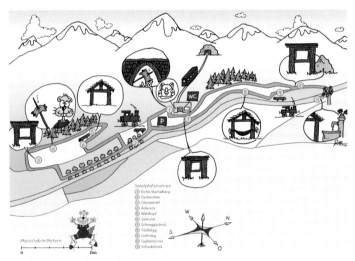

**Spiele und Erlebnisweg Glarnerland.**

## Weitere Lehrpfade

- Skulpturenweg Niederurnertäli; Auskunft: Seilbahnstation, Tel. 055 610 10 83
- Stein-Lehrpfad Schwanden;
  Auskunft: Bildhauerei Knobel AG, Tel. 055 644 15 66
- Wild- und Botanikexkursion; Auskunft: www.mettmen-alp.ch
- Moor-Lehrpfad Mettmenalp;
  Auskunft/Prospekt: Luftseilbahn Kies-Mettmen
- Lochsiten (geologische Stätte), Schwanden; Auskunft: www.geolife.ch
- Waldlehrpfad Matt-Weissenberge;
  Auskunft: Talstation Luftseilbahn, Tel. 055 642 15 46
- Sonnenenergie-Lehrpfad im Sernftal;
  Auskunft: Peter Zentner, Tel. 055 642 21 07
- Biotop Gandwald, Elm; Auskunft: Tourist-Information, Tel. 055 642 52 52
- Oekologie-Lehrpfad, Braunwald;
  Auskunft: Braunwald Tourismus, Tel. 055 653 65 65
- Alpine Rosengärten, Braunwald; Auskunft: Braunwald Tourismus
- Botanische Exkursionen; Auskunft: Braunwald Tourismus
- Skulpturenpfad Braunwald; Auskunft: Braunwald Tourismus
- Tierli-Erlebnispfad Elm, Auskunft: Elm-Sernftal Tourismus, www.elm.ch
- Guliweg, Urnerboden; Auskunft: www.urnerboden.ch

## Campingplätze

### Camping Vorauen, Klöntalersee

850 m. ü. M. Platz am See mit Strom in Hinter Klöntal. Ideal für Zelte, Wohnwagen und Wohnmobile. Kinderspielplatz und Feuerstellen. WC- und Duschanlage, Invaliden-WC und Stellplätze mit Strom für Behinderte. Kiosk mit Lebensmitteln. Postautoverbindung nach Glarus. Ausgangspunkt für leichte und anspruchsvolle Wanderungen.

- Auskunft über freie Plätze, Tel. 055 640 60 16
  oder Camping, Tel. 055 640 48 59

### Camping Güntlenau, Klöntalersee

848 m. ü. M. Platz am See mit Strom, Nähe Staumauer. Geeignet für Zelte und Wohnmobile. Aufenthaltsraum, Feuerstellen, Kinderspielplatz. Wasch-

maschine mit Tumbler, WC- und Duschanlage, auch für Behinderte. Kiosk mit Lebensmitteln. Postautoverbindung nach Glarus.

- Auskunft über freie Plätze, Tel. 055 640 60 16
  oder Camping, Tel. 055 640 44 08

### Camping Gäsi, Walensee

Direkt am Walensee. Kleiner idyllischer Platz, ohne Strom. Nur für Zelte. Im Wald gelegen. Sandstrand, Kinderspielplatz, Feuerstellen. WC- und Duschanlagen, Invaliden-WC. Waschmaschine und Tumbler. Kiosk mit Lebensmitteln und Restaurant.

- Auskunft über freie Plätze, Tel. 055 610 13 57 (Campingwart)

**Kleinriviera: Sandstrand im Gäsi am Walensee.**

### Badeplätze an Seen

- Klöntalersee (Güntlenau, Vorauen)
- Talalpsee
- Spaneggsee
- Oberblegisee
- Walensee (Gäsi, Weesen, Betlis, Mühlehorn)

## Schwimmbäder

- Filzbach, Hallenbad im Sportzentrum
- Näfels, Hallenbad und Freibad im Sportzentrum
- Netstal, Freibad
- Obersee, Freibad in Oberseestafel
- Glarus, Freibad
- Schwanden, Freibad
- Schwändi, Freibad

## Museen / Sehenswürdigkeiten

### Freulerpalast mit Museum des Landes Glarus, Näfels

Im Dorf 19. Museum für Glarner Geschichte und Kultur sowie Wechselausstellungen. Im Dachgeschoss Glarner Textildruckmuseum. Prächtige Palastanlage.

- Öffnungszeiten von 1. April bis 30. November, jeweils Dienstag bis Sonntag, 10.00 bis 12.00 Uhr und 14.00 bis 17.30 Uhr
- Auskunft: Tel. 055 612 13 78, www.freulerpalast.ch

Der Freulerpalast eignet sich als Alternative bei Regenwetter.

## Orts- und Anna Göldi Museum, Mollis

Sammlung von Dokumenten, Fotografien und Exponaten zur Geschichte des Dorfes und seiner Einwohner. Seit 2007 mit der Anna-Göldi-Ausstellung erweitert, deren Leben sich teilweise in Mollis abspielte.

- Auskunft: Tel. 055 612 38 60 oder www.annagoeldi.ch, marianne.nef@bluewin.ch

## Kunsthaus Glarus

Volksgarten, Nähe Bahnhof. Ausstellungen zur aktuellen Kunst und Werken aus der Sammlung des Kunstvereins. Wechselausstellungen.

- Öffnungszeiten: Dienstag bis Freitag, 14.00 bis 18.00 Uhr, Samstag/Sonntag 11.00 bis 17.00 Uhr
- Auskunft: Tel. 055 640 25 35, www.kunsthausglarus.ch

## Museum Schiefertafelfabrik, Elm

Einzige in der Schweiz noch vorhandene Schiefertafelfabrik. Interaktive Präsentation auf Bildschirmen. Nur für Gruppen möglich, an bestimmten Tagen auch für Einzelpersonen.

- Auskunft und Anmeldung: Tel. 055 642 13 41, www.plattenberg.ch

## Schieferbergwerk Landesplattenberg, Engi

Ehemaliges Schieferbergwerk mit grossen Kavernen, Diaschau und Besichtigung der Anlagen. Besichtigung an bestimmten Tagen oder nach Vereinbarung für Gruppen.

- Auskunft und Anmeldung: Tel. 055 642 13 41, www.plattenberg.ch

## Lochsite Schwanden – Glarner Hauptüberschiebung

Die Lochsite gilt als wichtigste geologische Attraktivität des UNESCO-Weltnaturerbes Tektonikarena Sardona auf Glarnerboden. Die Geologiestätte liegt oberhalb von Schwanden an der Sernftalstrasse und ist über die neu erstellte Fussgängerbrücke gut erreichbar. Rund 300 Meter weiter unten befindet sich hinter den Fabrikgebäuden der Parkplatz für die Besucher. Von dort aus gelangt man der Sernf entlang und über den Hang zu den imposanten Gesteinsschichten, wo altes Gestein auf jüngerem liegt.

- Weitere Informationen: www.lochsite.ch

Für einen Rundgang durch das Schieferbergwerk sind warme Kleider und gutes Schuhwerk erforderlich.

## Naturhistorische Sammlungen Kanton Glarus, Engi

Ausstellung über die Glarner Tierwelt, Mineralien und Schieferfossilien.

- Öffnungszeiten jeweils Mittwoch, Donnerstag, Freitag und Sonntag, 14.00 bis 17.00 Uhr
- Führungen auf Anfrage; Weitere Infos: Tel. 055 612 49 49, praeparator@bluewin.ch

## Suworow Museum Schwanden

Sammlung zur Geschichte des Alpenzuges der russischen Armee unter General Suworow. Bodenfunde, Kanonenkugeln und Waffenteile, Bilder und Bücher.

- Anmeldung: Tel. 079 216 66 58, www.1799.ch

### Pulverturm Schwanden (Dorfmuseum)

Ausstellung über die Vergangenheit und Gegenwart, Industrie und Auswanderung sowie Militär. Fotos von 300 Schulklassen und aktuelle Dokumentationen.

- Auskunft/Anmeldung bei der Gemeindekanzlei

### Rysläuferhuus Schwanden

Blockhaus aus dem 15. Jahrhundert mit Wandmalereien von 1534. Wechselausstellungen.

- Auskunft und Anmeldung: Tel. 055 647 34 11 oder Tel. 055 644 17 29, www.gukom.ch

### Museum Thomas-Legler-Haus, Diesbach

Ausstellung über den Kämpfer und Beresina-Sänger Thomas Legler (1782 bis 1835), zu Napoleons Russlandfeldzug und zur Dorfgeschichte sowie Wechselausstellungen.

- Öffnungszeiten: Letzter Samstag im Monat 14.00 bis 17.00 Uhr von April bis Oktober. Gruppen und Schulklassen auf Anfrage.
- Anmeldung: Tel. 055 640 46 52, www.museum-legler.ch

### Bergbahnen

- Sportbahnen Filzbach AG, Filzbach, Tel. 055 614 16 16, www.kerenzerbergbahnen.ch, Infodienst und Wetterbulletin: Tel. 055 614 16 20
- Seilbahn Niederurnen-Morgenholz, Niederurnen, Tel. 055 610 10 83, www.niederurnentaeli.ch
- Luftseilbahn Kies-Mettmen, Tel./Fax 055 644 20 10, www.mettmen-alp.ch
- Luftseilbahn Matt-Weissenberge, Tel. 055 642 15 46, www.weissenberge.ch
- Sportbahnen Elm-Ämpächli, Tel. 055 642 60 60, Info- und Wetterbericht: Tel. 055 642 60 66, www.elm.ch
- Tschinglenbahn Elm, Tel. 079 886 13 03; Fahrplan und weitere Infos: www.tschinglenbahn.ch oder www.elm.ch (in den Sommerferien fast immer im Betrieb)

- Seilbahn Luchsingen-Brunnenberg, Luchsingen, Tel. 055 643 39 44, www.luchsingen.ch
- Standseilbahn Braunwald, Tel. 055 653 50 30
- Gondelbahn Grotzenbühl, Braunwald, Tel. 055 653 65 61
- Sesselbahn Gumen, Braunwald, Tel. 055 653 65 61, www.braunwald.ch
- Seilbahn Tierfehd-Chalchtrittli/Linthal (Limmeren), Anmeldung erforderlich, Tel. 055 285 24 85, www.linthal-rueti.ch/bergbahnen
- Seilbahn Urnerboden-Fisetengrat, Urnerboden, Tel. 055 643 15 05, www.urnerboden.ch

## Busbetriebe / Taxis
### Postautokurs Glarus – Klöntal
Verkehrt nur während des Sommerhalbjahres. Siehe Fahrplan der SBB.

### Pragelbus
Verkehrt im Sommerhalbjahr von Richisau/Klöntal bis Muotathal/Höllloch und zurück. In Richisau jeweils Anschluss an das Postauto nach Glarus sowie nach Muotathal und Schwyz. Kein Fahrradverlad. Das Angebot befindet sich in der Projektphase. Von Vorteil ist sich vorgängig zu informieren.
- Reservation: Tel. 041 817 75 00, info@aags.ch,
  weitere Infos und Abfahrtszeiten: www.aags.ch

### Postautolinie Kerenzerberg
Regelmässige Postautoverbindungen von Näfels/Mollis oder von Mühlehorn auf den Kerenzerberg.
- Kontakt/Informationen/Fahrplan: Tel. 081 720 35 65,
  www.kerenzerberg.ch

### Autobetrieb Sernftal
Der Bus verkehrt regelmässig von Schwanden nach Elm/Sportbahnen.
- Kontakt/Informationen/Fahrplan: Tel. 055 642 17 17, www.sernftalbus.ch

### Busbetrieb Schwanden-Kies (Luftseilbahn Talstation)

Fahrplan nur in der Sommerzeit von Ende Mai bis Ende September (Daten können von Jahr zu Jahr ändern).

- Kontakt/Fahrplan: www.sernftalbus.ch

### Urnerboden-Sprinter (Bus)

Fährt im Winterhalbjahr auf Voranmeldung.

- Kontakt: Tel. 079 609 12 71, Fahrplan: www.urnerboden.ch

### Postautokurs Klausenpass

Verkehrt nur im Sommer vom 30. Juni bis 30. September (Angaben ohne Gewähr, Daten können von Jahr zu Jahr ändern).

- Kontakt/Reservation: (Reservation obligatorisch), Tel. 041 870 21 36, weitere Infos: www.postauto.ch/alpen

### Alpentaxi Linthal

- Taxi Gisler, 8753 Linthal, Reservation erforderlich unter Tel. 055 643 18 91 oder Mobile 079 418 45 92

### Maxi-Taxi Näfels–Mullern/Fronalp

Fährt ab Bahnhof Näfels bis Mulleren-Alpenrösli und Fronalpstockhaus.

- Alle Kurse auf telefonische Reservation: Tel. 079 693 49 49

## Schiffsverkehr Walensee

- Schiffsbetrieb, Walensee AG, 8882 Unterterzen, Tel. 081 720 34 34, www.walensee-schiff.ch
- Sommerfahrplan (Ende April bis Oktober)
- Ganzjahresverbindung Murg–Au–Quinten–Murg, Sommer- und Winterfahrplan, automatische Fahrplanauskunft unter: Tel. 081 738 12 03
- Abendrundfahrten im Juli und August
- Extraschiffe für Hochzeiten, Geburtstage und Gesellschaften

## Unterkünfte

- SAC-Claridenhütte, Tel. 055 643 31 21, privat Tel. 055 643 12 75, www.sac-bachtel.ch
- SAC-Fridolinshütte, Tel. 055 653 10 94, Mobile 079 228 91 60, Fridolinshütte Tel. 055 643 34 34, www.fridolinshütte.ch
- SAC-Grünhornhütte, Tel. 055 643 34 34 (Fridolinshütte), Mobile 079 228 91 60 (nicht bewartete Hütte)
- SAC-Planurahütte, Tel. 041 885 16 65, Mobile 076 215 50 23, www.planura.ch
- SAC-Leglerhütte, Tel. 055 640 81 77, www.leglerhuette.ch, info@leglerhuette.ch
- SAC-Martinsmadhütte, Tel. 055 642 12 12, www.sac-randen.ch
- SAC-Glärnischhütte, Tel. 055 640 64 00, www.sac-toedi.ch, info@glhuette.ch

Auskünfte zu Berggasthäusern, Hotels und Gasthäusern, Ferienwohnungen- und Häuser, Bed and Breakfast, Schlafen im Stroh erteilt: Glarnerland Tourismus: Tel. 055 610 21 25, Fax 055 610 28 26, www.glarusnet.ch, info@glarnerland.ch

## Weitere Attraktionen

- Wild- und Botanikexkursionen in Mettmen (Wildschutzgebiet Kärpf), Glarnerland Tourismus, Tel. 055 610 28 26, www.mettmen-alp.ch
- Wellness uf dr Alp – Pferdetrekking, Berglialp, Matt, Tel. 055 642 14 92, info@molkenbad.ch
- Trekkingplausch mit Lamas, Tel. 055 610 28 26, info@glarnerland.ch
- Wandern mit Packziegen, Werner Bleisch und Silvia Schneid, Ennenda, Tel. 055 640 75 06, Mobile 078 809 25 19, www.packziegen.ch
- Nordic-Walking Elm, www.vrenischneidersport.ch und www.elm.ch (siehe auch Routenkarten (PDF-Datei))
- Klettersteige Braunwald, Kessler Sport, Tel. 055 643 22 22, www.klettersteige.ch, kesslersport@bluewin.ch
- Sommerrodelbahn und Freeride Strecke Kerenzerberg, Filzbach, Sportbahnen, Tel. 055 614 11 68, www.kerenzerberg.ch, info@glarnerland.ch

- linth-arena sgu, Näfels, (Sportzentrum, Hallenschwimmbad, Kletteranlage, Restaurant, Übernachtungsmöglichkeiten), Tel. 055 612 15 09, www.linth-arena.ch
- Kraftorte im Kanton Glarus, Auskünfte durch Gerhard Franz, Ferien- und Bildungshaus Klösterli, Braunwald, Tel. 055 643 36 43, info@kloesterli-braunwald.ch
- Wanderland Schweiz, www.wanderland.ch (interaktive Karten antippen und schon erhalten Sie alle Routen des Wanderwegnetzes)

## Verkehrsbüros

- Touristinfo Glarnerland, Autobahnraststätte Niederurnen, Tel. 055 610 21 25, www.glarusnet.ch, info@glarnerland.ch
- Kerenzerberg Tourismus, Tel. 055 614 16 12, www.kerenzerberg.ch
- Glarus Service, Tel. 055 640 80 50, www.glarusservice.ch, info@glarusservice.ch
- Tourist-Information Elm, Tel. 055 642 52 52, www.elm.ch, info@elm.ch
- Braunwald Tourismus, Tel. 055 653 65 65, www.braunwald.ch, tourismusinfo@braunwald.ch
- Verkehrsverein Urnerboden, Tel. 055 643 17 05, www.urnerboden.ch, verkehrsverein@urnerboden.ch

## Weitere Internetadressen

www.baeschlin.ch
www.berge.ch
www.bergplus.ch
www.braunwald.ch
www.elm.ch/tourismus
www.freulerpalast.ch
www.geopark.ch
www.gl.ch
www.glaralpin.ch
www.glarneragenda.ch
www.glarner-industrieweg.ch

www.glarnerland.ch
www.glarusnet.ch/tourismus
www.gastroglarnerland.ch
www.glarus-sued.ch
www.glarnerwanderwege.ch
www.heidiland.ch
www.kerenzerberg.ch
www.kunsthausglarus.ch
www.linthal-rueti.ch
www.linth-arena.ch
www.mettmen-alp.ch
www.meteoschweiz.ch
www.molkenbad.ch
www.naturzentrumglarnerland.ch
www.plattenberg.ch
www.sbb.ch
www.schabziger.ch
www.schwanden.ch
www.sernftalbus.ch
www.spaeltidruck.ch
www.weissenberge.ch
www.urnerboden.ch
lamatours@bluewin.ch
www.bergzyt.ch

Der Diesbachfall ist eine Touristen-attraktion.

## Die schönsten Picknickplätze

**1 Weesen (Chapfenberg) – Aussichtspunkte mit zwei Feuerstellen**
Aussichtspunkte auf den Walensee und das Glarnerland. Feuerstellen mit Tischen und Sitzbänken. Oberhalb von Weesen, über verschiedene Wege in 30 Minuten.

**2 Weesen/Mollis (Gäsi) – Picknickplätze mit Feuerstellen am Walensee**
Zahlreiche Picknickplätze am linken Walenseeufer. Schwemmholz und Bademöglichkeiten. In einer Viertelstunde ab Weesen.

### 3 Filzbach (Punkt 720 / Rütegg) – Picknick- und Waldspielplatz

Grillfeuerstelle im Wald mit, Tischen, Bänken und Spielgeräten. Am Walsaweg, 20 Minuten ab Filzbach, oberhalb des Hotels Seeblick (Hinweistafel Spielplatz).

### 4 Filzbach (Oerli) – Feuerstelle mit Kletterfelsen

Grossräumiger Platz mit Feuerstelle, Tisch und Bänken. Mittags sonnenexponiert, Ausweichmöglichkeit in den Wald (abfallend). Rechts unterhalb Bildungszentrum Lihn am Rundwanderweg.

### 5 Niederurnertäli (Blockhaus) – Feuerstelle / Abenteuerspielplatz

Moderne Grillfeuerstelle und überdachte Sitzplatzmöglichkeit. 40 Minuten ab der Bergstation Morgenholzbahn. Auf dem linken Wanderweg (Skulpturenweg), 500 Meter nach Chaibenboden.

### 6 Mullerenberg (Brunner) – «Schweizer Familie»-Feuerstelle

Grillfeuerstelle mit Sitzmöglichkeiten, Holzvorrat und Weitsicht. 25 Minuten

Die attraktive Feuerstelle im Oerli, Filzbach lädt zum Verweilen ein.

ab dem Restaurant Alpenrösli am Wanderweg Fronalp/Ennenda (Hinweis-tafel bei Hochspannungsleitung).

### 7 Näfels (Rautifeld) – «Schweizer Familie»-Feuerstelle am Waldrand

Grosse Grillfeuerstelle, mit Tischen, Bänken und Platz zum Spielen. Nachmit-tags im Schatten. Am Fridliweg nach Oberurnen, 200 m nach Rautibach.

### 8 Netstal (Schlatt) – «Schweizer Familie»-Feuerstelle

Feuerstelle auf Waldwiese, mit Tischen, Bänken und Holzvorrat. In 20 Minu-ten ab Bahnhof Netstal. Über die Linthbrücke rechts und folgend links zum Hügel bis an dessen Ende.

### 9 Glarus (Riedern) – Feuerstelle an der Löntsch

Grillfeuerstelle mit Tischen, Bänken und Brennholzvorrat. Ideal für Spiele am Wasser, Tafel warnt vor Hochwasser. Ab Post Riedern in 20 Minuten über Löntschtobelweg, direkt an der Löntsch.

### 10 Ennenda (Uschenriet / Pfadiheim) – Picknickplatz im Schatten

Schattiger Picknickplatz unter Bäumen an der Linth, mit Sitzmöglichkeiten und Grillfeuerstelle. Am Veloweg Glarus-Schwanden.

### 11 Engi (Mettlen) – «Schweizer Familie»-Feuerstelle bei Murmeltier-kolonie

Einfache alpine Grillfeuerstelle auf Alpweide mit Holzreserve, Tisch und Bänken. Direkt am Suworowweg, fünf Minuten oberhalb der Höflibrugg (Bogensteinbrücke bei Engi).

### 12 Matt (Weissenberge) – «Schweizer Familie»-Feuerstelle

Grillfeuerstelle mit Bänken, Holzvorrat und Aussicht. Am Rundgang, Nähe Ängisboden, 30 Minuten ab Seilbahnbergstation.

### 13 Elm (Raminerbach) – Feuerstelle/Abenteuerspielplatz

Picknickplatz und Spielplatz mit grosser Grillfeuerstelle, Kletterturm, Tisch-tennistisch und Spielgeräten. Am Raminerbach, Nähe Gemeindehaus-Park-platz, unterhalb des Volg.

## 14 Mettmenalp

Feuerstelle und Picknickplatz am Garichte-Stausee. Fünf Minuten ab Berg-station Kies-Mettmen.

## 15 Betschwanden/Diesbach (an der Linth) – «Schweizer Familie»-Feuerstelle

Picknickplatz mit Grillfeuerstelle, Sitzbänken und Holzvorrat. An der Linth am Veloweg Glarus-Linthal. Vor Betschwanden rechts über Linthbrücke. In der Nähe Naturlehrpfad des WWF.

## 16 Braunwald (Brächalp) – «Schweizer Familie»-Feuerstelle

Alpine Grillfeuerstelle mit Sitzbänken und Holzvorrat. 35 Minuten ab Braun-wald, Richtung Nussbüel bis Brächalp (Hinweistafel). Über die Alpweide, dem Zaun entlang bis zum Törchen linkerhand.

## 17 Braunwald (Altstafel) – «Schweizer Familie»-Feuerstelle

Grillfeuerstelle auf offenem Gelände mit Sitzgelegenheiten. Ob dem Wanderweg zum Oberblegisee, oberhalb Rubschen, 40 Minuten ab Braun-wald.

## Kurztipps für den Sommer

- Von Weesen der Linth und dem Walensee entlang ins Gäsi ($\frac{1}{2}$ h)
- Dem Walensee entlang von Weesen/Hafen nach Betlis (1 h)
- Auf dem Walsaweg von Obstalden nach Filzbach ($\frac{1}{2}$ h)
- Vom Habergschwänd an den Talalpsee ($\frac{1}{2}$ h)
- Der alten Maag entlang vom Bhf Ziegelbrücke nach Weesen ($\frac{3}{4}$ h)
- Dem Klöntalersee entlang vom Vorauen nach Rhodannenberg (2 h)
- Rundwanderung über den Schlosshügel in Niederurnen ($1\frac{1}{4}$ h)
- Rundgang um den Obersee (1 h)
- Rund um den Garichtestausee (1 h)
- Moorlehrpfad auf der Mettmenalp ($\frac{1}{2}$ h)
- Dorfrundgänge in Braunwald (1 bis 2 h)

### Kurztipps für den Winter (Schlitteln)

- Von Obstalden in die Hüttenberge (1½ h) und Abfahrt
- Mit der Sesselbahn ins Habergschwänd und Abfahrt nach Filzbach
- Von Ennenda nach Ennetberg (1¼ h), Abfahrt nach Ennenda bei guten Schneeverhältnissen
- Mit der Seilbahn nach Weissenberg und Abfahrt nach Matt
- Von Haslen auf den Tannenberg (1½ h) und Abfahrt nach Haslen
- Verschiedene Schlittelwege in Braunwald
- Mit der Gondelbahn nach Ämpächli und Abfahrt nach Elm
- Von Glarus auf die Schwammhöchi (2 h) und Abfahrt nach Glarus
- Mit dem Taxi von Mollis nach Mullern, Abfahrt nach Mollis bei guten Schneeverhältnissen

**Die Glarner Landsgemeinde findet bei schönem Wetter immer am 1. Maisonntag im Jahr statt.**

## Wanderkarten

- Wanderkarte Glarnerland 1:50 000
- Glarnerland/Walensee 1:60 000

Für eine sehr genaue Routenführung empfehlen wir folgende Karten:
- Wanderkarte Sernftal 1:25 000 (von Glarus bis Elm) mit Wandervorschlägen
- Wanderkarte Braunwald 1:25 000 (Gebiet rund um Braunwald bis und mit Vorderglärnisch) mit Wandervorschlägen

## Wegmarkierungen
### Wanderweg

Wege für alle. Ohne besondere Gefahren.
Markierung im Gelände: gelb

### Bergwanderung

Wege für bergtüchtige Personen. Gutes Schuhwerk und wetterfeste Kleidung nötig. Markierung im Gelände: weiss-rot-weiss

### Alpinwanderweg

Wege für schwindelfreie Berggänger. Bestes Schuhwerk und wetterfeste Kleidung nötig. Markierung im Gelände: weiss-blau-weiss

## Notrufnummern
**Schweizerische Rettungsflugwacht (Rega):** 1414
**Sanitätsnotruf:** 144
**Polizeinotruf:** 117

## Risikofreies Bergwandern

Um das Unfallrisiko auf Bergtouren möglichst zu reduzieren, sind folgende Vorsichtsmassnahmen empfohlen:

- Möglichst nicht allein auf eine Bergwanderung gehen und diese vorher planen
- Die Tour soll dem Können und der Kondition des schwächsten Teilnehmers entsprechen
- Auf vollständige Ausrüstung achten: Wanderschuhe mit gutem Profil; Jacke gegen Regen und Kälte; Sonnenschutz und Sonnencrème
- Genügend Proviant und Getränke mitnehmen (1 – 1½ Liter pro Person)
- Immer auf den markierten Bergwanderwegen bleiben
- Wetterprognosen studieren – im Zweifelsfalle umkehren
- Jemand zu Hause über die beabsichtigte Strecke sowie die spätere Rückkehr informieren
- Wenn möglich Handy für Notfälle mitnehmen

**UNESCO Welterberegion Sardona**
Sämtliche Literatur dazu *bei*
info@blumer-hpm.ch oder 055 622 3611

**PS**.: Leser vom Wanderbuch erhalten beim Kauf einer Erlebnisunterlage je nach Aktualität ein Geschenk z.B. Wandern mit Bonus, Friberg Chärpf entdecken, Kraft erleben .......

Lassen Sie sich nicht nur von der Glarner Bergwelt, sondern auch von der Glarner Sagenwelt verzaubern!

K. Freuler, H. Thürer,
K. Mühlbauer
**Glarner Sagen**

*Baeschlin Verlag*
*CHF ca. 38.00*
*ISBN 978-3-85546-102-8*

Roger Rhyner,
Catherine Fritsche
**glarnersagen (CD)**

*Baeschlin Verlag*
*CHF ca. 28.00*
*ISBN 978-3-85546-205-6*

 Baeschlin Bücher

www.buch.GL

bergpanorama: martin stützle

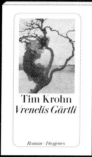

## Sponsoren / Restaurants

Dieser Wanderführer wurde realisiert mit der Unterstützung von:

**Co-Sponsoren: Tödi Sport AG**, www.colltex.ch
**GRB Glarner Regionalbank,** www.glarner-regionalbank.ch
**glarnerSach**, www.glarnersach.ch
**Service 7000**, www.service7000.ch

**Weitere Sponsoren: Massiv Sport**, info@massivsport.ch
**Helvetia Versicherungen**, www.helvetia.ch
**Mineralquelle Elm**, www.elmercitro.ch
**Sportbahnen Elm**, www.elm.ch
**Bank Linth LLB AG**, www.banklinth.ch

**Tourismusorganisationen: Braunwald Standseilbahn AG,**
www.braunwald.ch
**Braunwald-Klausenpass Tourismus AG,**
www.braunwald.ch
**Elm-Sernftal Tourismus**, www.elm.ch
**Glarus Service**, www.glarusservice.ch
**Linthal-Rüti Tourismus**, www.linthal-rueti.ch

**Besonders empfohlene Restaurants an den Wanderrouten:**

**Berggasthaus Fronalpstock**
Fam. B. und F. Reich-Dreher
Fronalp, 8753 Mollis
Tel. 055 612 10 22
www.stockhuus.ch
fronalpstock@bluewin.ch

**Leglerhütte SAC**
Sara Elmer und Romano Frei
Sandgasse, 8767 Elm
Tel. 055 640 81 77
www.leglerhuette.ch
info@leglerhuette.ch

**Restaurant Nussbüel**
H. und R. Ries-Zimmermann
Nussbüel, 8784 Braunwald
Tel. 055 643 11 40
www.nussbuel.ch
info@nussbuel.ch

**Restaurant Chämistube**
Grotzenbüel, 8784 Braunwald
Tel. 055 643 35 28
www.braunwald.ch
info@braunwald.ch

# Register